반야 육조단경

대해 譯

Gran Sabiduria

육 조 단 경

혜 능 著

대 해 譯

Gran Sabiduria

육조단경 목차

-일러두기-

1. 본 육조단경은 대정신수대장경 제 48권에 실린
   『남종돈교최상대승마하반야바라밀경육조혜능대사어소
   주대범사시법단경南宗頓教最上大乘摩訶般若波羅蜜經六
   祖惠能大師於韶州大梵寺施法壇經』을 저본底本으로
   한글로 번역하였다.

2. 본 경의 제목은 긴 관계로 줄여서 육조단경六祖壇經
   이라 하겠다.

3. 본 육조단경의 장 분류는 원문에는 없으나 이해를
   돕기 위하여 44장으로 내용상 분류하였다.

4. 영상경전 및 전자법전과의 연결 및 호환을 고려하고,
   현대인들이 경전의 뜻을 더욱 쉽게 알 수 있고, 원문
   과의 대조가 용이하게 하기 위해 본문에 일련번호를
   붙였다.

육조단경

혜능 著
대해 譯

제 1 장. 경經의 이름

1. 남종 돈교 최상 대승 마하 반야바라밀경
南宗頓教最上大乘摩訶般若波羅蜜經

2. 육조六祖 혜능대사가
소주韶州 대범사大梵寺에서
법法을 베푸신 단경壇經 한권과,
아울러 무상계無相戒를 수계하심.

3. 홍법제자弘法弟子 법해法海가 모아 기록.

제 2 장. 법法을 설한 연유

4. 혜능대사가 대범사大梵寺 강당 안의
   높은 법좌에 올라서
   마하반야바라밀경법摩訶般若波羅蜜經法을
   설하시고
   무상계無相戒를 주시니,

   그때 법좌 아래에는
   출가자와 재가자들 일만여 명과
   소주자사韶州剌史인 위거(등거)와
   여러 관료 삼십여 명과
   유가儒家의 선비 여러 명이 함께
   대사에게 마하반야바라밀법을
   설해 주시기를 청하였다.

5. 자사가 마침내 문인 법해法海스님에게
   모아 기록하게 하여
   후대에 유행流行하게 하였으며,

   더불어 도道를 배우는 자들에게
   이 종지宗旨를 이어서 서로서로 전수하고
   약속대로 이어지도록 하기 위해
   이 단경을 설하셨다.

제 3 장. 금강경金剛經을 듣다

6. 혜능대사께서 말씀하셨다.

    "선지식들이여,
    깨끗한 마음으로
    마하반야바라밀법을 염念하라."

7. 대사는 말없이
    자정심신自淨心神의 상태로 오래 계시다가
    말씀하시었다.

    선지식들이여, 잘 들어라.
    혜능의 아버지는 본관이 범양范陽이나,
    영남으로 좌항천류左降遷流하여
    신주新州 백성이 되었다.

혜능이 어릴 때
아버지가 또한 일찍 돌아가시고,
노모와 남해로 이사하여 간신히 시장에서
땔나무를 팔며 궁핍하게 살았다.

어느 날 한 손님이 나무를 샀다.
마침내 혜능으로 하여금
여관에 이르게 하여
손님은 나무를 사갔고, 혜능은 돈을 얻었다.
문 앞을 향해 물러나는데
홀연히 한 손님이
금강경을 읽는 것을 보았다.
혜능은 한 번 듣고
마음이 밝아져 바로 깨우쳤다.

8. 이에 손님에게 물었다.
   "어디에서 오셨는데
   이 경전을 지니고 계십니까?"

손님이 대답하기를

"나는 기주蘄州의 황매현黃梅懸
동쪽 빙모산憑墓山에서
오조 홍인弘忍 화상을 예배하였고,
현재 그곳에는
문인門人 천여 대중이 있습니다.
내가 거기서 듣고 본 바로는
대사께서 출가·재가에게 권하기를
다만 금강경 한권만 지니면
곧 견성을 하고
바로 성불을 이룬다고 들었습니다."

9. 혜능이 듣고 숙세업의 인연이 있어
   문득 어머니를 떠났다.

제 4 장. 스승을 만나다

10. 황매현의 빙모산에 가서
    오조 홍인 화상에게 예배하였다.

11. 홍인 화상께서 혜능에게 물었다.
    "너는 어디 사람이기에
    이 산에 와서 나에게 예배하는가?
    너는 지금 나에게
    또한 어떤 물건을 구하려 하는가?"

12. 혜능이 대답하여 말하기를
    "제자는 영남領南 사람이고
    신주 백성입니다.
    지금 멀리에서 와서 화상을 예배한 까닭은
    다른 물건을 구하고자 함이 아니라
    오직 불법佛法을 구하고자 함입니다."

13. 대사는 드디어 혜능을 나무라며
    말씀하시기를
    "너는 영남 사람이고 또한 갈료獦獠인데,
    어찌 감히 부처가 되겠다고 하는가?"

14. 혜능이 대답하였다.
    "사람은 곧 남북이 있으나
    불성佛性은 곧 남북이 없습니다.
    갈료인 몸은 화상과 같지 않으나
    불성에 어찌 차별이 있겠습니까?"

15. 대사는 더 이야기를 나누고 싶었으나,
    주변에 사람들이 있는 것을 보시고는
    더 말을 하지 못하셨다.
    혜능을 내보내어
    대중과 함께 일을 하게 하였다.

16. 그때 한 행자가
    혜능을 방앗간으로 데리고 가서
    8개월여 동안
    방아를 찧게 하였다.

제 5 장. 게송 짓기를 명하다

17. 오조대사께서 하루는
    갑자기 문인들을 불러서 다 오게 하였다.
    문인들이 모이자 오조께서 말씀하셨다.

    "내가 그대들에게 말하기를,
    세상 사람들의 나고 죽는 일이
    중대하다고 하였으나
    그대 문인들은 종일 공양하고
    단지 복전福田을 구할 뿐
    생사고해를 떠나는 것을 구하지 않는구나.

    너희들의 자성自性이 미혹한데
    복문福門으로 어떻게 구할 것인가?

    너희들 모두는 곧 방으로 돌아가서
    스스로를 보고

지혜가 있는 자는
스스로 본성반야本性般若의 지혜를 가지고
각자 게송 한수를 지어서 나에게 바쳐라.

내가 그대들의 게송을 보고
만약에 대의大意를 깨달은 자가 있다면
그에게 의법衣法을 부촉하고 품승하여
육대조사六代祖師로 삼으리니
빨리 서두르도록 하라!"

18. 문인들은 처분을 받고서
    각자 자기들의 방으로 돌아와서는
    서로서로 얘기하기를

    "우리들이 굳이
    마음에 맡겨 뜻을 써서 게송을 지어
    화상에게 바칠 필요가 있겠는가?
    신수神秀상좌가 교수사教授師이니

19

신수상좌가 법을 얻은 후에
각자들은 의지하고 청하는 것이 가능하니
굳이 지을 필요가 있겠는가?”

하면서
모든 사람들이 마음을 놓아버리고는
다 감히 게송을 지어 바치지 못하였다.

19. 그때, 대사의 당堂 앞 삼간방 복도,
    이 복도 아래에서
    능가경 변상도變相圖를 그리고,
    또 나란히 오조 대사가
    의법을 전수하는 것을 그려서 공양하고
    후대에 유행시키기 위하여
    기록하고자 하였다.

20. 화가인 노진盧玲이 벽을 보고
    다음날 작업을 시작하기로 되어 있었다.

제 6 장. 신수神秀가 게송을 짓다

21. 상좌 신수는 생각했다.
    '모든 문인들이
    마음의 게송을 올리지 않는 것은
    내가 교수사이기 때문이다.

    내가 만약 마음의 게송을 올리지 않으면
    오조께서 어찌 내 마음 속에 있는
    견해의 깊고 얕음을 아실 수 있겠는가?

    내가 마음의 게송을 지어서
    오조께 올리어 뜻을 보여드려
    법을 구하는 것은 옳은 일이지만,
    조사를 구하는 것은 옳지 못하니
    도리어 범부의 마음과 같아
    그 성스러운 지위聖位를
    찬탈하는 것이 된다.

만약,
마음을 수행한 것을 지어 올리지 않으면
법을 얻을 수는 없을 것이다.'

꽤 오래 생각을 해도
매우 어렵고 매우 어렵고
매우 어렵고 매우 어려웠다.
밤이 삼경에 이르렀다.

22. 다른 사람들은 보지 못하게
   드디어 남쪽 복도 아래를 향했다.
   중간 벽 위에
   마음의 게송 지은 것을 올려
   법을 구하고자 하였다.

23. '만약에 오조께서 게송을 보시고
   이 게송에 대하여 말씀을 하시면서
   만약에 나를 찾으신다면

저는 숙세의 업장이 무거워
법을 얻기에 부적합하다고 하리라.

성인의 뜻은 헤아리기 어려우니
나의 마음도 스스로 쉬어야겠다.'

24. 신수상좌가
    삼경에 남쪽 복도 중간 벽 위에
    촛불을 들고 지은 게송을 적었는데
    다른 사람이 다 알지 못하였다.

25. 게송에 이르기를,

    몸은 보리菩提의 나무이고
    마음은 명경대明鏡臺와 같네.
    때때로 부지런히 털고 닦아서
    티끌과 먼지가 있지 않게 하라.

26. 신수상좌가 이 게송 적는 일을 마치고
　　돌아가 방에 누웠으나
　　또한 본 사람이 없었다.

　　오조께서 새벽에
　　드디어 노공봉을 불러 오게하여
　　남쪽 복도 아래에
　　능가경 변상도를 그리려고 하다가
　　문득
　　이 게송이 적혀있는 것을 보시게 되었다.

27. 이에 공봉에게 말씀하시기를

　　"홍인은 공봉에게 멀리서 온 노고에 대해
　　삼만 냥을 드리고
　　변상도는 그리지 않도록 하겠습니다.

　　금강경에 이르기를
　　무릇 상相이 있는 것은 모두 허망한 것이니

이 게송을 유통하게 하여
이제 미혹한 사람들로 하여금
염송하게 하는 게 낫겠습니다.

이것에 의지하며 수행하면
삼악도에 떨어지지 않을 것입니다.
법에 의지하여 수행하면
사람들에게 큰 이익이 있을 것입니다."

28. 대사께서 드디어
    문인들을 불러 다 오게 하여
    게송 앞에서 향을 사르게 하였다.
    대중들은 들어와 보고는
    모두 공경하는 마음을 내었다.

29. "그대들이 모두 이 게송을 염송하면
    바야흐로 견성할 것이다.

이대로 수행하면
곧 삼악도에 떨어지지 않을 것이다."

30. 문인들이 다 염송하고
모두 공경하는 마음을 내며
'훌륭하다'고 하였다.

31. 오조께서는 마침내
신수상좌를 당 내로 불러 물으셨다.

"네가 게송을 지었는가?
만약에 네가 지었다면
마땅히 나의 법을 얻을 것이다."

32. 신수상좌가 말했다.

"송구스럽습니다만
실은 신수가 지었습니다.
감히 조사를 구하려 한 것은 아니고,

원컨대 화상께서 자비로써
제자가 대의大意를 식별할 수 있는
조그마한 지혜라도 있는가를
봐주시면 안되겠습니까?"

33. 오조께서 말씀하셨다.

"네가 지은 이 게송은
견해의 도달함이
단지 문 앞에 이르렀을 뿐,
아직 들어오지는 못했느니라.

범부는 이 게송대로 수행을 하면
곧 삼악도에 떨어지지는 않겠지만

이 견해를 지어
만약 무상보리無上菩提를 찾고자 한다면
가히 얻을 수는 없느니라.

모름지기 문에 들어오고자 한다면
스스로 본성을 보아야 한다.

너는 또한
돌아가서 한 이틀 안에 생각해서
다시 하나의 게송을 지어
나에게 올리도록 하라.

만약에 문에 들어와
스스로 본성을 보게 되면
마땅히 너에게 의법을 부촉하리라."

34. 신수상좌는 며칠이 지나도록
    짓지 못하였다.

28

제 7 장. 혜능이 게송을 짓다

35. 한 동자가 있어
    방앗간 옆을 지나가면서
    이 게송을 외워 읊었다.

    혜능이 한번 듣는 순간
    견성하지 못함을 알았고,
    곧 대의大意를 알아 능히 동자에게 물었다.

    "지금 외운 게송이 무슨 게송인가요?"

36. 동자가 대답했다.
    "당신은 아직 모르고 있군요.

    대사께서 말씀하시기를
    '생사의 일이 중대하다.
    법을 전수하고자 하니

문인들은 각자 한 수의 게송을
지어 와서 올려라.

내가 보고 대의大意를 깨달았다면
곧 의법을 부촉하고 품승하여
육대조로 삼을 것이다.'
라고 하셨는데

이름이 신수라는 한 상좌가
홀연히 남쪽 벽 아래에
무상게無相偈 한 수를 썼습니다.

오조께서 문인들에게 다 염송하게 하시며
이 게송을 깨달은 자는
곧 자신의 성품을 보고
이것에 의지하여 수행하면
곧 출리出離를 얻을 것이라고 하셨습니다."

37. 혜능이 대답했다.

    "나는 이 방앗간에서 8개월 넘도록
    있었으나 방 앞에 가보지를 못했으니
    당신이 혜능을 남쪽 벽 아래로 인도하여
    이 게송을 보고 예배하게 해주십시오.

    또한 염송하여 가져서 내생의 인연을 맺어
    부처님 땅에 태어나길 원합니다."

38. 동자가 혜능을 이끌고 남쪽복도에
    이르렀다.
    혜능은 이 게송에 예배하고,
    글자를 알지 못하여
    한 사람에게 읽어주기를 청하였다.
    이에 혜능이 듣고 곧 대의大意를 알았다.
    혜능도 또한 게송 한수를 지었다.

또한 글을 아는 한 사람에게 청하여
서쪽 사이 벽 위에 붙이게 하여
자기의 본심本心을 드러내었다.

39. 본심을 알지 못하면
법을 배워도 이익이 없고
마음을 알아 견성하면
곧 대의를 깨닫는다.

40. 혜능이 게송에 이르기를,

보리菩提는 본래 나무가 없고
명경 또한 대臺가 없다.
불성은 항상 청정한데
어느 곳에 먼지가 있으리오.

또 게송에 이르기를,

마음은 보리수菩提樹**요**
몸은 명경대라.
명경이 본래 청정하거늘
어느 곳에 먼지로 물들 것인가?

41. 절 안의 대중들은
   혜능이 지은 그 게송을 보고
   다 괴이하게 여겼다.
   혜능은 방앗간으로 돌아갔고,
   오조께서 홀연히 복도 아래에 오서서
   혜능의 게송을 보시고는
   바로 대의大意를 안 것을 아셨으나
   대중들이 알까봐 염려하시었다.

   오조께서는 대중들에게 이르러 말하기를
   '이것 또한 아직 얻지 못한 것이다'
   라고 말씀하셨다.

제 8 장. 법法을 받다

42. 오조께서 밤 삼경에 이르러
    혜능을 당 안으로 불러서
    금강경을 설하셨다.

    혜능이 한 번 듣고
    언하言下에 문득 깨달았다.
    그날 밤 법을 받았지만
    다른 사람들은 다 알지 못하게
    곧 돈법頓法 및 가사를 전하였다.

    "너를 육대六代로 삼으리라.
    조사의 의복을 갖는 것은 신표가 되니
    품승하여 대대로 서로 법을 전하여라.
    마음과 마음으로 전하니
    마땅히 스스로 깨달아야만 하느니라."

43. 오조께서 말씀하셨다.
  "혜능아,
  예로부터 법을 전할 때는
  목숨이 실 끝에 매달린 것과 같으니라.

  만약에 이곳에 머물면
  다른 사람들이 너를 해칠 수 있으니
  너는 곧 반드시 속히 떠나야 하느니라."

  혜능은 의법衣法을 얻어서
  삼경에 출발하였다.

  오조께서는 친히 혜능을
  구강역九江驛까지 바로 전송하시었다.

44. 곧 오조께서 처분을 내리셨다.

  "너는 가서 노력해라.

장차 법이 남쪽으로 향하게 되었으나
3년은 이 법을 펴서는 안되느니라.

난難이 지나간 후에
널리 교화하고 잘 인도하여라.
어리석은 사람도 만약 마음을 열어 얻으면
너의 깨달음과 다름이 없느니라."

작별인사를 하고
바로 남쪽으로 향하였다.

제 9 장. 혜순을 교화하다

45. 두어 달쯤 걸려 대유령大庚嶺에 이르렀다.

떠난 뒤에 수백 명이 와서
혜능의 머리를 향하여
의법을 빼앗으려는 것을 알지 못하였다.

뒤쫓아 오다가 온 길의 반쯤 되어
다 돌아가고 오직 한 스님만이 남았다.
성은 '진陳'이고, 이름은 '혜순惠順'이었다.

그는 일찍이 3품 장군 출신으로
성품이 거칠고 악하였다.
곧바로 대유령 마루에 이르러서
와서 덮치려 하였다.

46. 혜능은 곧 법의를 돌려주었다.
    그러나 갖지 아니하고 말하기를

    '제가 멀리 온 이유는
    법을 구하려 한 것이지
    그 옷이 필요한 것이 아닙니다.'
    라고 했다.

47. 혜능은 대유령에서
    문득 혜순에게 법을 전하였다.
    혜순이 듣고 언하言下에 마음이 열렸다.

    혜능은 혜순을 북쪽으로 가서
    앞으로는 사람들을 교화하게 하였다.

제 10 장. 정 혜 定慧

48. 혜능이 이 땅에 온 것은
모든 관료나 관료아닌 사람이나
도인道俗, 속인과
또한 누겁累劫의 인연이 있었기 때문이다.

이것을 가르치는 것은
옛 성인들의 전한 바이지
혜능 나만이 아는 것이 아니다.

옛 성인들의 가르친 바를
듣기를 원하는 자는
각자 모름지기 깨끗한 마음으로 들어라.
스스로 미혹함을 없애서
선대의 깨달음과 같이 되기를 원하노라.

49. —이후부터는 혜능대사의 설법임下是法—

50. 혜능대사께서 말씀하셨다.

선지식들이여,
보리반야의 지혜는
세상 사람들이 본래 스스로 있는 것이다.

그러나 마음이 미혹한 것으로 인하여
능히 스스로 깨달을 수가 없다.

마땅히 대선지식을 구하여
도를 보고 성품을 보도록 하라.

51. 선지식들이여
깨달음을 얻어 지혜를 이루라!

52. 선지식들이여, 나의 이 법문은
정혜定慧를 제일 근본으로 삼는다.

정定과 혜慧가 다르다고
미혹하게 말하지 말라.

정과 혜는
체體가 하나요 둘이 아니다.
곧 정定은 바로 혜慧의 체體이고,
곧 혜慧는 정定의 쓰임用이다.

곧 혜慧일 때 정定은 혜慧에 있고,
정定일 때 혜慧는 정定에 있다.

53. 선지식들이여,
    이 뜻은 곧 정과 혜는 같다는 것이다.

    도를 배우는 사람은 생각을 지어서
    정이 먼저 있어 혜를 발發하고,
    혜가 먼저 있어 정을 발한다 하여
    정과 혜가 각각 다르다고 말하지 마라.

54. 이러한 견해를 짓는 자는
    법에 있어서 두 가지 상相이 있음이니,
    입으로는 선善을 말하고
    마음으로 선하지 않으면
    정혜가 같지 않다.

    마음과 입이 함께 선해서
    안팎이 하나(一衆種)일 때
    정혜는 곧 같다.

55. 스스로 깨닫고 수행하여야지
    말로 논쟁하는 데에 있지 않다.

    만약 먼저와 나중을 가지고 싸운다면
    곧 이러한 사람은
    승부가 끊어지지 않고
    도리어 법아法我가 생겨서
    네 가지 상相을 떠나지 못하리라.

제 11 장. 일 행 삼 매 一行三昧

56. 일행삼매一行三昧라는 것은
  일체 시時 중 행주좌와行住坐臥에
  항상 직심直心을 행하는 것이다.

  정명경淨名經에
  『직심은 도량이고 직심은 정토이다.』
  라고 하셨다.

  마음과 행동은 아첨하면서
  입으로 법의 곧음을 말하지 마라.
  입으로는 일행삼매를 설하고
  직심을 행하지 않으면 불제자가 아니다.

57. 단 직심을 행하여
  일체 법法 위에 집착함이 없는 것을
  이름하여 일행삼매라 한다.

58. 미혹한 사람은
    법상法相을 지어서 일행삼매를 잡고
    직심直心은
    앉아서 움직이지 않는 것이라 하며,
    망妄을 제거하고,
    마음을 일으키지 않는 것을
    일행삼매라 한다.

    만약 이와 같다면
    이 법은 무정無情과 한 가지다.
    도리어
    도를 장애하는 인연이다.

59. 도는 순조롭게 통하여 흘러야 하는데
    어찌 도리어 정체를 시키는가?

    마음이 머무르지 않으면
    도는 곧 통하여 흐르지만
    머무르면 곧 속박된다.

만약 앉아서
움직이지 않아야 하는 것이라면
유마힐이 사리불에게
수풀 속에서 고요히 좌선을 할 때
꾸짖은 것이 합당하지 않았을 것이다.

60. 선지식들이여,
또 어떤 사람들은 남을 가르칠 때
앉아서 마음이 청정함을 보게 하고,
움직이지 않고 일어나지 않게 하면서
이렇게 있는 힘을 다하여 노력하게 하여
어리석은 사람은 깨닫지 못하고
문득 집착하여 전도顚倒되는 것이다.

곧 수백 가지가 있어도
이와 같이 도道를 가르치는 자는
이런 까닭으로 크게 어긋나게 된다.

61. 선지식들이여,
    정혜는 무엇과 같은가?

    등불과 같다.
    등이 있으면 곧 불빛이 있고,
    등이 없으면 곧 불빛도 없다.
    등은 빛의 체體이고,
    빛은 등의 쓰임用이다.

    곧 둘이지만
    체는 두 가지가 아니다.
    이 정혜법 또한 다시 이와 같다.

제 12 장. 무념無念·무상無相·무주無住

62. 선지식들이여,
    법에는 돈頓과 점漸이 없다.
    사람이 영리하고 둔함이 있을 뿐이다.
    미혹한 즉 점차를 권하고,
    깨달은 사람은 돈수頓修한다.

    스스로 근본을 아는 자는
    본성을 보는 것이다.

    깨달으면 곧 원래 차별이 없고,
    깨닫지 못하면
    곧 오랜 겁劫을 윤회한다.

63. 선지식들이여,
    내 스스로의 법문은
    위로부터 이래로 돈점을 모두 세우고

무념無念 무종無宗 무상無相 무체無體
무주無住 무위無爲를 근본으로 한다.

64. 무엇을 무상이라 하는가?

무상이라는 것은
상相에 있어서 상相을 떠나는 것이다.

65. 무념無念이라는 것은
생각念에 있어서 생각念이 아닌 것이다.

66. 무주無住라는 것은
사람의 본성이
생각생각念念이 머무르지 않으며
앞생각, 지금생각, 뒷생각에 있어서
생각생각念念이 서로 이어진다.

67. 단절됨이 없고
    만약에 일념一念이 단절되면
    법신法身은 곧 색신色身을 떠난다.

    생각생각을 할 때마다
    일체 법상法上에 머무르지 않는다.

    일념이 만약 머무르며
    생각생각이 곧 머무르면
    계박繫縛이라 이름한다.

    일체 법法 위에서
    생각생각이 머무르지 않으면
    곧 무박無縛이다.
    무주로서 근본으로 삼는다.

68. 선지식들이여,
    밖으로 일체 상相을 떠나면 무상無相이다.

단 능히 상을 떠나면 성체性體가 청정하니
이것은 무상無相으로써 체를 삼는다.

69. 일체 경계 위에서 오염되지 않으면
    무념無念이라 이름한다.

70. 자기의 생각 위에서
    경계를 떠나면
    법法 위에서 생각을 내지 않는다.

    여러 가지 사물百物을
    헤아리지 않고
    생각을 다 제거하려 하지 마라.

    일념一念이 끊어지면
    곧 무별처無別處에서 생을 받는다.

71. 도를 배우는 자는
    마음을 씀에 법의 뜻을 알지 못해서
    스스로 잘못되는 것은
    오히려 허락하더라도
    다시 다른 사람에게 권하여
    미혹되게 하지 말라.

    스스로 미혹함을 보지 못하면서
    또 경전의 법을 비방함이라.
    이렇기 때문에
    무념을 종宗으로 세운 것이다.

72. 어리석은 사람은 경계 위에 있어서
    생각念이 있으면
    생각念 위에 문득 사견邪見이 지나간다.
    일체 진로塵勞와 망념이
    이것으로부터 나온다.
    그래서 이 교문은 무념을 종으로 세운다.

73. 세상 사람들이 견해를 떠나면
　　　생각念이 일어나지 않는다.
　　　만약 유념有念이 없다면
　　　무념無念 또한 세울 필요가 없다.

74. 무無라는 것은 무엇이 없고
　　　념念은 무엇을 생각念하는 것인가?

　　　무無라는 것은
　　　두 가지 상相의
　　　모든 진로塵勞를 떠나는 것이고,

　　　념念이라는 것은
　　　진여본성眞如本性을 생각念하는 것이다.
　　　진여眞如는 염념念의 체이고
　　　염념念은 진여眞如의 용用이다.

75. 자성에서 생각念이 일어나면
    비록 곧 보고 듣고 깨닫고 알지라도
    만 가지 경계에 물들지 않고
    항상 스스로 존재한다.

76. 유마경에서는
    『밖으로 능히
    모든 법상法相을 잘 분별하고,
    안으로는 하나의 뜻一義으로 부동하다.』
    고 이르고 있다.

제 13 장. 좌 선 坐禪

77. 선지식들이여,
   이 법문 중 좌선은
   원래 마음에 집착하지 않는 것을
   으뜸으로 삼고
   또한 청정함에 집착하지 않고
   또한 부동을 말하는 것도 아니다.

78. 만약 마음을 본다고 말한다면
   마음은 원래 망妄이고
   망妄은 환幻과 같은 고로
   볼 바가 없다.

79. 만약에 청정함을 본다고 말하면
   사람의 성품은 본래 청정한데
   망념妄念이 진여를 덮은 고로

망념을 떠나면 본성은 청정하다.

자성이 본래 청정함을 보지 않고
마음을 일으켜 청정함을 보면
도리어
청정이라는 망념이 생기는 것이다.

망妄은 처소處所가 없는 바
본다는 것은
도리어
망妄이 되는 것을 알 수 있다.

청정함에는 형상이 없는데
도리어
청정한 상相을 세워 이것을 공부라 말하니

이러한 견해를 짓는 자는
자기의 본성에 장애가 되어
도리어 청정함에 속박을 당한다.

80. 만약 부동不動을 닦는다면
일체 남의 잘못된 허물을 보지 않아야
성품이 부동하게 된다.

어리석은 사람은
자기 몸은 부동하게 놓고
입을 열면
곧 남의 시비를 말한다.
이는 도에 위배되는 일이다.

81. 마음을 보고
청정함을 본다는 것은
도리어
도를 장애하는 인연이 된다.

82. 지금 이와 같이 기록하노니,
이 법문 중에

무엇을 좌선이라 이름하는가?

이 법문 중에 일체 걸림이 없어
즉 밖으로는 일체 경계 위에서

생각念이 가지 않으면 **좌**座이고
본성을 보고 어지럽지 않으면 **선**禪이다.

이 법문 중에 일체 걸림이 없어
밖으로 일체경계 위에서

생각念이 일어나지 않으면 **좌**座이고,
본성을 보고 어지럽지 않으면 **선**禪이다.

제 14 장. 선 정 禪定

83. 무엇을 선정禪定이라 이름하는가?

밖으로 상相을 떠나는 것을 선禪이라 하고,
안으로 어지럽지 않은 것을 정定이라 한다.

84. 밖으로 만약 상相이 있고

안으로 성품이 어지럽지 않으면
본성은 스스로 청정하고 스스로 정定하다.

다만 경계에 닿는 인연이 있기 때문에
닿은 즉 어지럽고
상相을 떠나 어지럽지 않으면 정定이다.

밖으로 상相을 떠난 즉 선禪이고
안으로 어지럽지 않으면 정定이다.

밖으로는 선禪, 안으로는 정定,
선정禪定이라 이름한다.

85. 유마경에는
　　『즉시 활연豁然하면
　　다시 본심本心을 얻는다.』고 하였으며

　　보살계에는
　　『본래 근원 자성은 청정하다.』고
　　하였다.

86. 선지식들이여,
　　자성을 보면
　　스스로 청정하여
　　스스로 닦고 스스로 짓는다.
　　자성법신自性法身이
　　부처의 행을 스스로 행하고
　　스스로 지어서, 스스로 불도를 이룬다.

제 15 장. 삼 신 불 三身佛

87. 선지식들이여,
   모두 모름지기 스스로 들어라.
   무상계無相戒를 줄 것이니,
   일시에 혜능을 따라 복창하라.
   선지식들에게
   스스로 삼신불三身佛을 보게 할 것이다.

88. 자기의 색신色身
   청정법신불淸淨法身佛에 귀의합니다.

   자기의 색신色身
   천백억화신불千百億化身佛에 귀의합니다.

   자기의 색신色身
   당래當來원만보신불圓滿報身佛에 귀의합니다.
                  -이상 3창-

89. 색신은 집이니,
　　가히 귀의한다고 말할 수는 없다.
　　삼신三身을 향하는 자는
　　스스로 법성法性이 있다.
　　세상 사람들에게 다 있으나
　　미혹하여 보지 못할 뿐이다.

　　밖으로 세 여래를 찾는다면
　　자기의 색신 중에서
　　삼성불을 볼 수 없다.

90. 선지식들이여 들어라.
　　그대들 선지식들에게 설하여 주리라.

　　선지식들로 하여금
　　자기 색신色身에 의지해서
　　스스로의 법성法性에
　　삼세불이 있다는 것을 보게 하리라.
　　이 삼신불은 성품으로부터 나온다.

91. 무엇을 청정법신불清淨法身佛이라 이름하는가?

92. 선지식들이여,
세상 사람의 성품은
본래 스스로 청정하고
만법은 자성 중에 있다.

일체 악惡의 일을 사량思量하면
곧 악을 행하고,
일체 선善의 일을 사량思量하면
곧 선행을 닦는 것이다.

이와 같이 일체법이
다 자성 중에 있다는 것을 알아야 한다.

자성은 항상 청정하고
일월은 항상 밝으나,
다만 구름이 덮였을 뿐이다.

위는 밝고 아래는 어두워
능히 일월성신日月星辰을
명료하게 볼 수가 없다.

홀연히 은혜로운 바람을 만나
불어 흩어서
구름과 안개를 걷어 다하게 하면
삼라만상이 일시에 다 나타난다.

93. 세상 사람의 성품이 청정한 것도
    맑은 하늘과 같다.
    혜慧는 해와 같고, 지智는 달과 같아서
    지혜가 항상 밝다.

    밖으로 경계가 나타남에
    망념이 뜬 구름처럼 덮여서
    자성自性이 능히 밝을 수가 없다.

고로 선지식을 만나 참된 정법正法을 열어
미혹하고 망령됨을 불어 제거하면
안과 밖이 명철하여
자성 중에 만법이 모두 나타난다.

일체 법은 자성에 있고
이를 이름하여
청정법신淸淨法身이라 한다.

94. 자귀의自歸依란
    착하지 못한 행을 버리는 것
    이것을 귀의라 이름한다.

95. 무엇을
    천백억화신불千百億化身佛이라 하는가?

96. 성품을 사량思量하지 않으면 곧 공적하고,
    사량하면 곧 스스로 화化한다.

    악법을 사량思量하면 지옥으로 화하고,
    선법을 사량思量하면 천당으로 화한다.

    독과 해로움으로 화하면 축생이 되고,
    자비로 화하면 보살이 된다.

    지혜로 화하면 상계上界가 되고
    어리석음으로 화하게 되면
    하방下方이 된다.

    자성의 변화는 매우 많으나
    어리석은 사람은 스스로 알아보지 못한다.
    한 생각이 선하면
    지혜가 곧 생하는 것이다.

97. 무엇을
   원만보신불圓滿報身佛이라 하는가?

98. 하나의 등불이
   능히 천년의 암흑을 없애고
   하나의 지혜는
   능히 만년의 어리석음을 멸한다.

   전前을 향하여 생각하지 말고
   항상 후後를 생각하라.
   항상 후념後念이 선善하면
   이름하여 보신報身이라 한다.

   일념의 악의 과보는
   도리어 천년의 선을 망하게 하고

   일념의 선善의 과보는
   도리어 천년의 악을 없앤다.

무상無常 이래로
후념이 선하면 보신報身이라 이름한다.

법신으로부터 사량한 즉 화신이 되고
생각생각이 선하면 즉 보신이 된다.

99. 스스로 깨닫고 스스로 닦는 것을
    곧 귀의라 이름한다.

    피부와 살은 색신이고 바로 집일 뿐이니
    귀의한다고 할 수는 없다.
    다만 삼신三身을 깨달으면
    큰 뜻을 알게 된다.

제 16 장. 사 홍 서 원 四弘誓願

100. 이제 이미 스스로 삼신불에
    귀의하였으니
    선지식들과 더불어
    네 가지 넓고 큰 원四弘大願을
    발하도록 하리라.

    선지식들이여,
    일시에 혜능을 따라 복창하라.

101. 가없는 중생을
    맹세코 건지기를 원합니다.
    끝없는 번뇌를 맹세코 끊기를 원합니다.
    한량없는 법문을
    맹세코 배우기를 원합니다.
    위없는 불도를
    맹세코 이루기를 원합니다.

102. 선지식들이여,
    가없는 중생을
    맹세코 건지기를 원한다는 것은
    혜능이 건지는 것이 아니다.

103. 선지식들이여,
    마음 속의 중생은
    각자 자신의 자성自性에서
    스스로 제도한다.

    어떻게 자성에서
    스스로 제도한다고 이름하는가?

    자기 색신 가운데
    사견邪見, 번뇌, 어리석음, 미망迷妄은
    스스로 본래 깨달아 있는 성품에 있으며
    정견正見을 가지고 제도한다.

이미 정견을 깨달으면 반야의 지혜로써
어리석음과 미망을 제거한다.

중생들 각자각자
스스로 제도할 수 있다.

삿됨邪을 보면 바름正으로 제도하고,
미혹함이 오면 깨달음으로써 제도하고,
어리석음이 오면 지혜로써 제도하고,

악이 오면 선으로 제도하고,
번뇌가 오면 보리로 제도한다.

이와 같이 제도하는 것을
진정한 제도라고 이름한다.

104. 끝없는 번뇌를
　　　맹세코 끊기를 원한다는 것은
　　　자기 마음에서 허망함을 없애는 것이다.

105. 한량없는 법문을
   맹세코 배우기를 원한다는 것은
   위없는 바른 법을 배운다는 것이다.

106. 위없는 불도를
   맹세코 이루기를 원한다는 것은
   항상 자신의 마음과 행을 내려놓고
   일체를 공경하는 것이다.

107. 미혹함과 집착을 멀리 떠나,
   지知를 깨달아 반야를 생生하고
   미망을 제거하면
   곧 스스로 깨달아 불도를 이루어
   서원의 힘이 행해진다.

제 17 장. 무 상 참 회 無相懺悔

108. 이제 이미
사홍서원四弘誓願 발하는 것을 마쳤으므로
선지식과 더불어
무상참회無相懺悔하여
삼세의 죄장罪障을 멸하고자 한다.

109. 대사께서 말씀하셨다.

선지식들이여,
앞생각, 뒷생각, 지금생각이
생각생각念念마다
어리석음과 미혹함에 물들지 않고,
이전의 모든 악행을
일시에 자성이 만약 제거한다면
즉 이것이 참회懺悔이다.

110. 앞생각, 뒷생각, 지금생각이
　　　생각생각마다
　　　어리석음에 물들지 않고

　　　이전의 속이는 마음을 영원히 끊으면
　　　자성의 참懺이라 이름한다.

　　　앞생각, 뒷생각, 지금생각이
　　　생각생각마다
　　　병에 물듦을 입지 않고
　　　앞의 질투심을 자성이 제거하면
　　　이것을 참懺이라 한다.

　　　　　　　-이상 3창唱-

111. 선지식들이여,
　　　무엇을 참회懺悔라 이름하는가?

73

참懺이라는 것은
몸을 마칠 때까지 짓지 않는 것이고,
회悔라는 것은
이전의 그릇됨을 아는 것이다.

악업이 항상 마음을 떠나지 않고
모든 부처님 전에
입으로만 말하면 아무 이익이 없다.

나의 이 법문 중에
영원히 끊고, 짓지 않는 것을
이름하여 참회懺悔라 한다.

제 18 장. 무상삼귀의계 無相三歸依戒

112. 이제 이미 참회를 마쳤으니
선지식들과 더불어
무상삼귀의계無相三歸依戒를 줄 것이다.

113. 대사께서 말씀하셨다.

선지식들이여,
'양족존兩足尊인 깨달음에 귀의합니다.
이욕존離欲尊인 바름에 귀의합니다.
중중존衆中尊인 청정함에 귀의합니다.

이제
부처님을 칭탄稱歎하며 스승으로 삼고
다시는 사명외도에 귀의하지 않으리니
원컨대 자성 삼보님께서는
자비로써 증명하소서.'하라.

114. 선지식들이여,
    혜능은 선善을 권하노라.

    선지식들이여 삼보三寶에 귀의하라.

    불佛이라는 것은 각覺이고
    법法이라는 것은 정正이고
    승僧이라는 것은 정淨이다.

115. 자기 마음의 각覺에 귀의하여
    사악하고 미혹함을 나지 않게 하고,
    작은 것에 만족할 줄 알고
    재물을 떠나고 색色을 떠나는 것을
    양족존兩足尊이라 이름한다.

116. 자기 마음의 정正에 귀의하여
    생각생각에 삿됨이 없는 까닭에

곧 애착하는 것이 없고,
애착이 없는 것을
이욕존離欲尊이라 이름한다.

117. 자기 마음의 청정함에 귀의하여
일체 진로塵勞와 망념妄念이
비록 자성 중에 있을지라도
자성이 오염되지 않으면
중중존衆中尊이라 이름한다.

118. 범부는 매일 매일 삼귀의계를 받아
깨닫도록 하라.

119. 만약에
부처에 귀의한다는 것을 말한다면
부처는 어느 곳에 있는가?

만약 부처를 보지 않으면
곧 돌아갈 바가 없다.
이미 돌아갈 바가 없으면
말은 도리어 허망함이 된다.

120. 선지식들이여,
각자 관찰하여
그릇되게 뜻을 쓰지 마라.

경에서 다만 말씀하시기를
스스로 부처에게 귀의하라 하였지
다른 부처他佛에 귀의하라고
말씀하시지 않으셨다.

자성에 귀의하지 않으면
갈 곳所處이 없느니라.

제 19 장. 마하반야바라밀법 摩訶般若波羅蜜法

121. 이제 이미 스스로
　　　삼보에 귀의하였으니
　　　다 각자 지극한 마음이다.
　　　선지식들과 더불어
　　　마하반야바라밀법摩訶般若波羅蜜法을
　　　설하리라.

　　　선지식들이여,
　　　비록 생각으로 풀 수는 없을지라도
　　　혜능이 설하여 줄 테니 각자 들어라.

122. 마하반야바라밀이라 하는 것은
　　　서국西國의 범어梵語이니
　　　당나라의 말로는
　　　대지혜로 저 언덕彼岸에 이른다는 뜻이다.

이 법은 모름지기 행하는데 있지,
입으로 외우는 것에 있지 않다.
입으로만 외우고 행하지 않으면
환幻 같고 변한다.

수행자는 법신과 부처가 같아야 한다.

123. 무엇을 마하摩訶라 하는가?

마하라는 것은 크다는 것이다.

마음의 용량이 광대하여
마치 허공과 같지만
정定한 마음으로 좌선하지 않으면
무기공無記空에 떨어진다.

세계의 허공이
능히 일월성신, 대지산하, 일체초목을
머금는다.

악인선인, 악법선법, 천당지옥도
모두 다 허공 중에 있다.

세상 사람들의 성품이 공함도
또한 이와 같다.
성품이 만법을 머금고 있는 것이
곧 큰 것이요,
만법이 모두 곧 자성이다.

일체 사람이나, 사람 아닌 것,
악과 선, 악법 선법을 보고
모두 다 버리지 않고,
가히 물들거나 집착하지 않으면
허공과 같게 된다.

이를 이름하여 크다고 하니,
이것이 곧 마하행摩訶行이다.

124. 어리석은 사람은 입으로만 외우고,
　　　지혜로운 사람은 마음으로 행한다.

　　　또 어떤 어리석은 사람은
　　　마음을 공空하다하여
　　　헤아리지도 않고 크다고만 이름하니
　　　이것 또한 옳지 않다.

125. 마음의 용량이 크다 할지라도
　　　행하지 않으면 작을 뿐이다.

　　　만약에 입으로 공에 대해서 말하고
　　　이 행을 닦지 않으면
　　　나의 제자가 아니다.

126. 무엇을 반야般若라 이름하는가?

반야는 지혜다.

항상 생각생각이 어리석지 않고
항상 지혜를 행하면
곧 반야를 행한다고 이름한다.

한 생각이 어리석으면
곧 반야는 끊어지고,
한 생각이 지혜로우면
곧 반야는 생한다.

마음 속은 항상 어리석으면서
나는 수행한다고 하는구나.

반야는 형상이 없으니
지혜의 성품이 바로 이것이다.

127. 무엇을 바라밀波羅蜜이라 이름하는가?

이것은 서국의 범음梵音이다.
당나라 말로는
'저 언덕彼岸에 이른다'고 말하며
뜻을 풀면 '생멸을 떠난다' 이다.

경계에 집착하면 생멸이 일어나서
마치 물에 파랑波浪이 있는 것과 같나니
곧 이것을
'이 언덕此岸'이라 한다.

경계를 떠나서 생멸이 없으면
물이 장류長流로 이어지는 것과 같나니

고로 곧
'저 언덕에 이른다'고 이름하며,
그러므로 바라밀이라 이름한다.

128. 어리석은 사람은 입으로만 외우고
지혜로운 사람은 마음으로 행한다.

마땅히 생각만 할 때는 허망함이 있다.
허망함이 있는 것은
진실이 있는 것이 아니다.

생각생각에 만약 행을 한다면
이것을 진실이 있다고 이름한다.

이 법을 깨달으려면
반야법을 깨닫고 반야행을 닦아야 한다.
닦지 않으면 범부다.
일념一念으로 행을 닦으면
법신은 부처와 같다.

129. 선지식들이여,
곧 번뇌가 바로 보리이다.

앞의 생각이 미혹 곧 범부요
후의 생각이 깨달으면 곧 부처이다.

130. 선지식들이여,
마하반야바라밀은
가장 존귀하고 가장 높고 제일이라
머무름도 없고
가는 것도 없고
오는 것도 없다.

삼세제불이 이것으로부터 나와
대지혜로써 피안에 이르러
오음五陰, 번뇌, 진로塵勞를 타파했나니
가장 존귀하고 가장 높고 제일이며
최상이라 찬탄받는다.

최상승법을 수행하면
결정코 부처를 이루게 되어,

가는 것도 없고
머무르는 것도 없고
왕래도 없나니,

이는 정定과 혜慧가 같으며
일체법에 물들지 않음이라.

삼세제불이 이 가운데에서 나와
삼독三毒을 변하게 하여
계정혜로 삼는다.

131. 선지식들이여,
나의 이 법문은
팔만사천의 지혜를 따른다.

무슨 까닭인가?
세상 사람들에게
팔만사천의 번뇌가 있기 때문이다.

만약 진로塵勞가 없다면
반야는 항상 있어서
자성을 떠나지 않는다.

이 법을 깨달으면
곧 무념無念, 무억無憶, 무착無著이다.

누구나 망을 일으키지 않으면
곧 바로 진여성품이다.

지혜를 써서 관조하여
일체법에
취하지도 않고 버리지도 않은 즉
견성하여 불도佛道를 이루게 된다.

제 20 장. 근 기 根機

132. 선지식들이여,
만약에
매우 깊은 법계法界에 들어
반야삼매般若三昧에 들고자 하는 자는
바로 반야바라밀행을 닦아야 한다.

단지
금강반야바라밀경 한 권만 지니면,
곧 성품을 보아
반야삼매에 들 수 있다.

마땅히 알라.
이 사람은 공덕이 무량하다.
경 가운데에 분명히 찬탄한 것처럼
능히 다 말할 수가 없다.

133. 이것은 최상승법이고
큰 지혜의 상근기인上根機人을 위하여
설한 것이다.
소근기의 지혜를 가진 자가
만약 이 법문을 들으면
믿음을 낼 수가 없다.

무슨 까닭인가하면
비유하면 큰 용龍이
만약 큰 비를 뿌리면 염부제에 비가 와서
마치 풀잎이 떠내려가는 것과 같다.

만약 큰 비를 바다에 내리게하면
늘지도 줄지도 않는다.

134. 만약에 대승자大乘者 같으면
금강경 설하는 것을 듣고
마음이 열리고 깨닫고 이해한다.

그러므로 본성에
스스로 반야의 지혜가 있음을 알고
스스로 지혜를 써서 관조하여
문자文字를 빌리지 않는다.

비유컨대
그 빗물이 하늘로부터 있지 않고
원래 용왕이 강과 바다 중에서
몸으로 그 물을 이끌어서
일체 중생과 일체 초목,
일체 유정有情 무정無情을
모두 다 젖게 하는 것과 같다.

모든 물의 많은 흐름이
도리어 대해大海에 들면
바다에서 모든 물들을 받아들여
합하여 일체가 된다.

135. 중생의 본성인 반야의 지혜도
     또한 이와 같다.

     작은 근기의 사람은 이 돈교頓敎를 듣고
     마치 대지초목이 근성이 스스로 약해서
     만약 큰비를 한번 맞게 되면
     모두 다 스스로 거꾸러져
     능히 자랄 수가 없게 되는 것과 같나니
     소근기인 또한 이와 같다.

136. 반야의 지혜가 있음은
     큰 지혜를 가진 사람과
     차별이 없음에도 불구하고
     무슨 까닭으로 법을 듣고도
     곧 깨닫지 못하는가?

     사견邪見으로 말미암아
     장애가 무겁고 번뇌의 뿌리가 깊어서

마치 큰 구름이 해를 덮어서
바람이 불지 않으면
해가 능히 나타날 수 없는 것과 같다.

137. 반야의 지혜 또한 크고 작음이 없지만
일체 중생이
스스로 미혹한 마음이 있어,
밖으로 닦아 부처를 찾아
아직 자성을 깨닫지 못한 즉
이것이 소근기인小根機人이다.

138. 이 돈교법頓敎法을 듣고 믿어서
밖으로 닦지 않고
다만 자기 마음에서
자신의 본성으로 하여금
항상 정견正見을 일으키게하여
번뇌, 진로, 중생을 당시에 다 깨우치면

마치 큰 바다大海가
여러 물줄기를 받아들여
작은 물과 큰물이 합하여
일체가 되는 것과 같다.

곧 이것이 견성見性이니
안팎으로 머무르지 않고
오고 감이 자유롭고
능히 집착하는 마음을 버리고
통달하여 걸림이 없다.

마음으로 이 행을 닦으면
곧 반야바라밀경과 더불어
본래 차별이 없게 된다.

제 21 장. 마음을 열어 깨달음

139. 일체 경서 및 문자나
   소승·대승의 이승二乘과 십이부경十二部經이
   다 사람으로 인하여 두었다.

   지혜의 본성으로 인한 까닭에
   고로 그렇게 능히 건립할 수 있었으니,
   만약 사람이 없으면
   일체 만법이 본래 있지 않느니라.

   그러므로 만법이
   본래 사람으로부터 일어났고,
   일체경서一切經書 또한 사람으로 인해서
   설해질 수 있었음을 알아야 한다.

140. 사람 가운데

어떤 이는 어리석고
어떤 이는 지혜롭다.
어리석은 사람은 소인이 된다.
고로 지혜로운 사람은 대인이 된다.

141. 미혹한 사람은
지혜 있는 사람에게 묻고
지혜 있는 사람은
어리석은 사람에게 법을 설하여,
저 어리석은 사람으로 하여금
마음을 열어 깨달아 알게 하여

어리석은 사람이
만약 마음을 열어 깨달으면,
큰 지혜가 있는 사람과
차별이 없게 된다.
그러므로 깨닫지 못한 즉
부처가 곧 중생이고,

한 생각 만약 깨달으면
중생이 바로 부처임을 알게 된다.

142. 그러므로 일체 만법이
다 자신의 마음 속에 있음을 알라.
어찌 자기 마음으로부터
단박에 진여본성을 보려고 하지 않는가?

143. 보살계경에는
『나의 본원자성本源自性이 청정하니,
마음을 알아 견성하면
스스로 불도를 이룰 수 있다.』하였고

정명경에서는
『즉시에
활연히 돌아가 본심을 얻는다.』
고 하였다.

제 22 장. 선 지 식 善知識

144. 선지식들이여,
　　　내가 홍인화상의 처소에서 한번 듣고
　　　언하言下에 크게 깨달아
　　　몰록 진여본성을 보았다.

　　　이런 고로 그대들에게
　　　이 교법을 후대에 유행流行시키게 하여
　　　도를 배우는 자로 하여금
　　　단박에 보리를 깨닫고
　　　각자 마음을 보고
　　　스스로의 본성으로부터
　　　단박에 깨닫게 하고자 한다.

145. 만약 능히
　　　스스로 깨닫지 못하는 자는

모름지기 대선지식을 찾아
도를 보고 견성하라.

누구를 대선지식이라 하는가?
최상승법을 이해하고
바른 길을 바로 보이는 사람을
대선지식이라 한다.

이러한 대인연은
소위 교화하여 부처를 보게 한다.

일체선법一切善法이
모두 대선지식으로 인하여
능히 펴지고 일어났기 때문이다.

146. 삼세제불이
     십이부경十二部經에 말씀하시기를

사람의 성품 중에 있고
본래 스스로 갖추어 있다고 한다.

능히 스스로 깨닫지 못하는 자는
모름지기 선지식을 얻어
도를 보고 견성하라.

147. 만약 스스로 깨닫는 자는
   밖으로 선지식을 빌릴 필요가 없다.

   만약에 밖으로 취하여
   선지식을 구하여
   해탈을 얻기를 바란다면
   그 곳에는 있지 않다.

   자기 마음 안에서 선지식을 알면
   곧 해탈을 얻을 수 있다.

만약에 자기 마음이 사악하고 미혹되어
망념으로 전도顚倒되면
밖으로 선지식의 가르침이 있어도
구하여 가히 얻을 수 없다.

148. 그대가 만약
스스로 깨달음을 얻지 못하면
마땅히 반야를 일으켜 관조하여
찰나에 망념을 다 멸하면
곧 이것이 스스로 진정한 선지식이다.

한번 깨달은 즉 부처를 알게 된다.

제 23 장. 무 념 행 無念行

149. 자성의 심지心地에
　　　지혜로써 관조하여
　　　내외內外가 명철明徹하면
　　　자기 본심을 알게 된다.

　　　만약 본심을 알면
　　　곧 해탈하고,
　　　이미 해탈을 얻었으면
　　　곧 이것이 반야삼매般若三昧이고,

　　　반야삼매를 깨달으면
　　　곧 이것이 무념無念이다.

150. 무엇을 무념無念이라 하는가?

무념법이라는 것은
일체법을 보되
일체법에 집착하지 않는 것이다.

일체 처에 두루하고
일체 처에 착著이 없어
항상 자성이 청정하고,
육적六賊을 육문六門으로 나가게 하고,
여섯 가지 티끌 중에
떠나지도 않고 오염되지도 않아서
가고 옴이 자유로우면

곧 이것이 반야삼매般若三昧이고
자재해탈自在解脫이니
이름하여 무념행無念行이라 한다.

151. 만약 백물百物을 헤아리지 말고
　　　마땅히 생각을 끊어지게 한다면

　　　이것이 즉 법에 묶인 것이니
　　　곧 이름하여
　　　치우친 견해邊見라 한다.

　　　무념을 깨달은 자는
　　　만법이 다 통하고,

　　　무념법을 깨달은 자는
　　　제불의 경계를 보며,

　　　무념의 돈법頓法을 깨달은 자는
　　　부처의 지위에 이른 것이다.

제 24장. 돈교법문의 수지 및 전수

152. 선지식들이여,
    후대에 법을 깨달은 자는
    항상 나의 법신이
    그대들의 곁을 떠나지 않음을
    보게 될 것이다.

153. 선지식들이여,
    장차 이 돈교법문을 한 가지로 보고
    한 가지로 행하며 발원 수지하여

    부처님을 섬기는 것과 같이 하여
    종신토록 수지하여 물러나지 않는 자는
    성인의 지위에 들 수 있느니라.

그러나 모름지기
전하고 받을 때에는
위로부터 이래로
말없이 법을 부촉하였나니

큰 서원을 세워
보리에서 물러나지 않으면,
곧 모름지기 나누어 받을 수 있으리라.

154. 만약 견해가 같지 않고
의지와 서원이 없다면
있는 곳곳마다
망령되이 선전宣傳하지 말라.

저 앞사람에게 피해를 입히고,
마침내 아무런 이익이 없다.

만약 어리석은 사람이
이해하지 못하고 이 법문을 비방하면
백겁만겁 천생토록
부처님의 종자가 끊어질 것이다.

제 25 장. 멸 죄 송 滅罪頌

155. 대사께서 말씀하셨다.
　　　선지식들이여,
　　　내가 설하는 무상송無相頌을 들어라.

　　　그대들 미혹한 이들로 하여금
　　　죄를 멸하게 해주니
　　　또한 이 게송을
　　　멸죄송滅罪頌이라 이름할 것이다.

　　　게송을 말씀하셨다.

156. 어리석은 사람은 복을 닦고
　　　도를 닦으려 하지 않고,
　　　복을 닦는 것을
　　　말하기를 도라고 말한다.

보시하고 공양하니
복은 끝이 없지만,
마음 속의 삼업三業은 원래대로 있네.

157. 만약 복을 닦아서
죄를 멸하고자 한다면
후세에 복은 얻어도
죄는 없앨 수는 없네.

만약 마음을 풀어서
죄연罪緣을 없애고자 하면
각자 자성 중에서 진참회眞懺悔를 하라.

158. 만약 대승을 깨달으면
진참회이고
삿됨을 없애고 바른 행을 지으면
무죄요,

도를 배우는 사람이
능히 스스로 관조를 하면
곧 깨달은 사람과 동일한 예例가 된다.

대사가 이 돈교를 전하려 하는 것은
배우기를 원하는 사람과
동일체同一體가 되길 원함이라.

159. 만약 마땅히 와서
본신本身을 찾으려 한다면
마음 속에서
삼독악三毒惡의 인연을 씻어라.

수도修道에 노력하여 가만히 있지 마라.
홀연히 헛되이
한 세상을 쉬어서 지나버린다.

만약에
대승의 돈교법을 만나거든
정성들여 합장하고
뜻있는 마음으로 구하라.

160. 대사께서 법을 설하여 마치시니
　　　위사군韋使君, 관료官寮,
　　　승중僧衆, 도속道俗이
　　　과거에는 들은 적이 없었노라고
　　　찬탄하는 말이 끊이지 않았다.

제 26 장. 공 덕 功德

161. 위사군이 예배하여 말하기를

　　"화상의 설법은 실로 부사의합니다.
　　제자가 갑자기 조금의 의심이 있어
　　화상께 여쭙고자 하오니
　　바라옵건대
　　화상께서는 대자대비로서
　　제자를 위해 설하여 주옵소서."

162. 대사께서 말씀하셨다.

　　"의심이 있으면 곧 묻도록 하라.
　　어찌 모름지기 재삼再三이겠는가?"

163. 사군이 묻기를
"화상의 설법은
가히 서국의 제 1 조
달마조사의 종지宗旨가 아닙니까?"

164. 대사께서 말씀하시기를
"그렇다."

165. 사군이 여쭙기를
"제자가 알기로는
달마대사께서 양무제梁武帝를
교화하실 때,

무제가 달마대사께 묻기를
'짐이 일생이래로 절을 짓고
보시를 하고 공양을 하였는데,
공덕이 있습니까?' 라고 하자

달마대사께서 답하여 말하길
'결코 공덕이 없습니다.'
라고 하자

무제가 실망하고 슬퍼하여
드디어 달마대사를
나라 밖으로 쫓아냈다고 말하는데,

아직 이 말을 밝게 알지 못하오니
청컨대 화상께서 설하여주소서.”

166. 육조께서 말씀하시기를
“실로 공덕이 없으니
사군은 달마대사의 말씀을
의심하지 말라.
무제는 사도邪道를 집착하여
정법을 알지 못한 것이다.”

167. 사군이 말하기를
"어찌하여 공덕이 없습니까?"

168. 화상께서 말씀하시기를
"절을 짓고 보시를 하고
공양을 올리는 것은
다만 복을 닦는 것이다.

가히 복을 가지고
공덕이 될 수는 없는 것이다.

공덕은 법신에 있지, 복전에 있지 않다.
자기의 법성法性에 공덕이 있다.

성품을 보는 것이 공功이요
평등하고 곧으면 덕德이다.
안으로 불성을 보고
밖으로 공경을 행하라.

169. 만약 일체 사람을 가볍게 보고
     '나'라는 것이 끊어지지 않으면
     곧 스스로 공덕이 없으며
     자성이 허망하여
     법신은 공덕이 없느니라.

     생각생각念念에 덕행을 하고
     평등직심平等直心이면
     덕이 곧 경박하지 않고
     항상 공경을 행하는 것이니라.

170. 스스로 몸을 닦으면 곧 **공**功이요.
     스스로 몸과 마음을 닦으면 곧 **덕**德이다.
     공덕은 자기 마음에서 짓는 것이니
     복과 공덕은 다르다.

     무제가 바른 이치를 알지 못한 것이지
     달마대사의 허물이 아니다."

제 27 장. 서 방 정 토 西方淨土

171. 사군은 예배하고 또 여쭈었다.
"제자가 보니
승속이 항상 아미타불을 염하여
서방 정토에 왕생하기를 원합니다.

화상께 청하옵나니,
저 서방정토에
왕생할 수 있는지 설해주시어
바라옵건대 저의 의심을 풀어주소서."

172. 대사께서 말씀하시기를
"사군은 들으라.
혜능이 그대에게 말하리라.
세존께서 사위국에 계실 때
서방을 설하여 교화하고 인도하셨다.

경문에도 분명히 서방정토에 가는 것이
멀지 않다고 했다.

다만 낮은 근기의 사람들을 위하여
멀다고 말하는 것이며,
가깝다고 말하는 것은
지혜가 높은 사람들 때문이다.

173. 사람에게는 두 종류가 있으나
    법에는 두 가지가 없다.
    미혹하고 깨달음이 다름이 있어
    견해의 늦고 빠름이 있을 뿐이다.

    어리석은 사람은
    염불念佛하여
    서방정토에 태어나려 하지만
    깨달은 사람은
    그 마음을 스스로 청정히 한다.

그러므로 부처님께서
'그 마음을 청정히 함에 따라
곧 불토가 청정하다'
고 말씀하셨다.

174. 사군이여!
동방東方이라도
단지 마음이 청정하면 무죄이고
서방西方에서도
마음이 청정하지 않으면
허물이 있는 것이다.

어리석은 사람은 동방에서 나고
서방의 소재처所在處에 나기를 원하나
아울러 모두 일종一種이다.

마음에 다만 청정하지 않음이 없으면
서방은 여기서 가는 것이 멀지 않다.

175. 마음에
   청정하지 않은 마음을 일으키면
   부처님을 염하여 왕생하고자 해도
   이르기 어렵다.

   십악+惡을 없애면 곧 십만리를 가고
   팔사八邪를 없애면
   곧 팔천리를 지난 것이다.

   다만 직심直心을 행하면
   도달하는 것은
   손가락 튕기는 것과 같으니라.

176. 사군이여,
   다만 십선+善을 행하라.
   어찌 모름지기 다시 왕생을 바라겠는가?

   십악+惡의 마음을 끊지 않고

어찌 부처가
곧 와서 맞이하기를 청하겠는가?

만약 무생돈법無生頓法을 깨달으면
서방을 보는 것은
단지 찰나이다.

돈교의 대승을 깨닫지 않으면
부처님을 염하여 왕생하고자 하나
길은 멀뿐이다.
어찌 서방에 도달할 수 있겠는가."

177. 육조께서 말씀하셨다.
    "혜능이 사군에게
    서방을 찰나 간에 이동시켜
    눈앞에서 문득 보여주리니,
    사군은 보기를 원하는가?"

178. 사군이 예배하여 말하였다.
　　　"만약 볼 수 있다면
　　　어찌 왕생하겠습니까?
　　　원컨대 화상께서 자비로써
　　　서방을 나타나게 해주시면
　　　큰 영광이겠습니다."

179. 대사께서 말씀하시기를
　　　"서방을 확 보면
　　　의심이 곧 사라지리라."
　　　대중이 놀라서
　　　무슨 일인지를 알지 못했다.

180. 대사께서 말씀하시길
　　　"대중들이여. 대중들은 잘 들어라.
　　　세상 사람들의
　　　자기 색신色身은 성城이요,

눈, 귀, 코, 혀, 몸은 곧 성문城門이다.
밖으로 다섯 문이 있고
안으로 뜻의 문이 있다.

마음은 곧 땅이고, 성품은 곧 왕이니
성품이 있으면 왕이 있고
성품이 가면 왕도 없다.

성품이 있으면 몸과 마음이 존재하고
성품이 가면 몸과 마음이 무너지느니라.

181. 부처는
자기의 성품이 지은 것이니
몸 밖을 향해 구하지 마라.
자성이 미혹하면 부처가 곧 중생이고,
자성이 깨달으면 중생이 곧 부처이다.

자비慈悲가 곧 관음觀音이고,
희사喜捨를 이름하기를
세지勢至라 한다.
능히 청정한 것은 석가이고
평등하고 진실한 것이 미륵이다.

182. 인아人我는 수미산이고
삿된 마음은 바닷물이며
번뇌는 파도이다.
독한 마음은 악룡惡龍이고
진로塵勞는 물고기와 자라이다.

허망은 귀신이고
삼독은 지옥이다.
우치愚癡는 축생이고
십선十善은 천당이다.

183. 인아人我가 없으면
    수미산은 스스로 무너지고,
    삿된 마음을 없애면 바닷물은 마르고
    번뇌가 없으면 파도는 멸하고,
    독해毒害를 없애면
    물고기와 용이 끊어진다.

    자기 마음의 땅心地에
    각성여래覺性如來가
    대지혜 광명을 베풀어
    육문六門을 비추어 청정히 하고
    육욕제천六欲諸天을 비추어 파하고
    아래로는 삼독을 만약 제거하면

    지옥은 일시에 소멸되고
    안과 밖이 명철明徹하여
    서방과 다르지 않다.
    이렇게 닦지 않으면
    어찌 저 서방정토에 이를 것인가?"

184. 법좌 아래의 대중은
　　　법문을 듣고
　　　찬탄하는 소리가 하늘을 뚫었으며,
　　　마땅히 어리석은 사람도
　　　분명하게 문득 알게 되었다.

　　　사군이 예배하고 찬탄하여 말하기를

　　　"훌륭하십니다. 훌륭하십니다.
　　　널리 바라옵건대
　　　법계 중생 중에 듣는 자가
　　　일시에 깨닫고 이해하기를 바라옵니다."

제 28 장. 재가在家 수행법

185. 대사께서 말씀하시기를

"선지식이여,
만약 수행을 하고자 하면
재가에서도 또한 얻을 수 있으니
절에 있다고만 되는 것은 아니다.

절에 있어도 수행하지 않으면
서방에서 마음이 악한 사람과 같다.
재가에서도 만약 수행하면
동방사람이 선善을 닦는 것과 같다.

다만 원컨대
스스로의 집에서 수행하여 청정하면
곧 이것이 서방이다."

186. 사군이 묻기를
"화상이시여,
재가에서는 어떻게 수행해야 하옵니까?
원컨대 가르쳐 주옵소서."

187. 대사께서 말씀하시기를

"선지식들이여,
혜능이 도속道俗에게
무상송無相頌을 지어주겠으니
모두 외워 가지도록 하라.

이에 의지하여 수행하면
항상 혜능이 설하는
한 곳에 있는 것과 다르지 않으리라."

- 게 송 -

188. 설법도 통하고 및 마음도 통함이여
     해가 허공에 처함과 같고
     오직 돈교법을 전하여
     세상을 나와 삿된 종지를 타파하도다.

189. 가르침에는 곧 돈점頓漸이 없으나
     미혹함과 깨달음에는
     느리고 빠름이 있다.
     만약 돈교법을 배우면
     어리석은 사람도
     가히 미혹하지 않으리라.

190. 설說함은 곧 모름지기 만 가지가 있으나
     합리合離는 도리어 한가지로 돌아온다.
     번뇌의 어두운 집 가운데에
     항상 모름지기 지혜의 해가 뜬다.

191. 사악함은 번뇌로 인하여 오고
　　바름은 번뇌를 제거함으로 오니
　　삿됨邪과 바름正을 다 쓰지 않으면
　　청정하여 무여無餘에 이르리라.

192. 보리는 본래 청정하나
　　마음을 일으키면 곧 망념이 되고
　　청정한 성품은 망념 가운데 있으니
　　다만 바름正으로써
　　삼장三障이 없어지리라.

193. 세간에서 만약 수도를 해도
　　일체가 다 방해롭지 않나니
　　항상 자기에게 있는 허물을 보면
　　도와 더불어 곧 서로 마땅하리라.

194. 색류色類에는 스스로 도가 있거늘
　　　도를 떠나서 달리 도를 찾으면
　　　도를 찾아도 도를 보지 못하고
　　　이르는 곳마다
　　　도리어 스스로 괴로울 뿐이로다.

195. 만약 도를 찾으려 한다면
　　　바름正을 행한 즉 바로 도이니
　　　스스로 만약 바른 마음이 없으면
　　　어두운 행으로 도를 볼 수 없게 되리라.

196. 만약 진실로 도를 닦는 사람이라면
　　　세간의 어리석음을 보지 말지니
　　　만약 세간의 그릇됨을 보면
　　　스스로 그릇되어
　　　도리어 허물이 옆에 있느니라.

197. 타인의 그릇됨은 나에게 죄가 없으나
　　　나의 그릇됨은 스스로 죄가 있나니
　　　다만 스스로 그릇된 마음을 버리면
　　　번뇌가 타파되어 부서지리라.

198. 만약 어리석은 사람을 교화하고자 하면
　　　모름지기 방편을 쓸지니
　　　저들의 의심을 깨뜨리려 하지 말라.
　　　곧 이것이 보리의 견해로다.

199. 법法은 원래 세간에 있고
　　　세간에서 출세간出世間 함이니
　　　세간世間 위를 떠나
　　　밖에서 출세간을 구하지 말라.

　　　삿된 견해邪見는 세간이고,
　　　바른 견해正見는 출세간이니
　　　삿됨과 바름을 다 부숴버려라.

200. 이것이 오직 돈교이고
또한 이름하여 대승이니
미혹하면 많은 세월이 걸리고,
깨달으면 찰나간이다.

201. 대사께서 말씀하시기를

"선지식들이여,
그대들은
다 이 게송을 외워 가지도록 하라.
이 게송에 의지하여 수행하면
혜능과 천리를 떨어져 있다 할지라도
항상 혜능 곁에 있는 것이고,

이렇게 수행하지 않으면
얼굴을 대하고 있어도
천리나 떨어져 있는 것이다.

202. 각자 스스로 닦아라.
　　　법은 너희들을 기다리지 않는다.
　　　대중은 아침이면 해산하라.
　　　혜능은 조계산으로 돌아가리라.

　　　대중 가운데 만약 큰 의심이 있으면
　　　저 산중으로 오라.
　　　그대들을 위해 의심을 타파하여
　　　함께 부처님 세상을 보게 하리라."

203. 함께 앉아 있던 관료, 도속이
　　　화상께 예배하여
　　　찬탄하지 않는 사람이 없었다.

　　　"훌륭하도다, 큰 깨달음이여,
　　　옛날에 들어본 바가 없는 법이로다.
　　　영남에 복이 있어서 생불生佛이
　　　여기에 계심을 누가 알 수 있으리오."
　　　라고 말하며 모두 해산하였다.

제 29 장. 단경의 품승稟承

204. 대사께서 조계산으로 가서
     소주韶州·광주廣州 두 고을을 중심으로
     행화行化한지 사십여 년이었다.

     만약에 문인들에 대해 논한다면
     승가와 재가를 합쳐
     대략 삼오천인三五千人으로
     가히 다 말로 할 수 없었다.

     만약 종지를 논한다면
     단경을 전수하여
     이것으로서 의약依約하게 하였다.

     만약 단경을 얻지 못하면
     곧 법을 이어받지 못한 것이다.

205. 모름지기
    거처와 년, 월, 일, 성명을 알아
    서로 부촉하도록 했다.
    단경을 받아 잇지 않으면
    남종의 제자가 아니다.

    받아 잇지 못한 자는
    비록 돈교법을 설하여도
    근본을 알지 못하니
    마침내 논쟁을 면하지 못한다.

    다만 법을 얻은 자는
    단지 수행을 권하라.
    논쟁은 승부하는 마음이니
    도道와는 위배되는 것이다.

제 30 장. 돈頓 · 점漸

206. 세상 사람들은 다 남종의 혜능,
     북종의 신수라고 전하지만
     아직 근본 사유는 알지 못했다.

     일찍이 신수 선사는
     남형부南荊府 당양현堂陽縣의
     옥천사玉泉寺에서
     주지가 되어 수행하였고,

     혜능대사는 소주성韶州城에서
     동쪽으로 35리 떨어진
     조계산漕溪山에 머물렀다.

     법은 곧 한 종—宗이지만
     사람에는 남북이 있으니
     이로 인하여
     편의상 남북이 서게 된 것이다.

207. 무엇을 점漸과 돈頓이라고 하는가?

208. 법은 한 종이나 견해에는
빠르고 느림이 있다.
견해가 느리면 점漸이고
견해가 빠르면 돈頓이다.

법에는 점漸과 돈頓이 없으나
사람에는 예리함과 둔함이 있어
그런 까닭으로
점漸과 돈頓이라고 이름한 것이다.

209. 신수대사는 항상 사람들이 말하기를
혜능의 법은 빠르고, 바로 가르쳐서
길을 알게 한다고 알고 있었다.

마침내 신수대사는
문인인 지성志誠을 불러 말했다.

210. "너는 총명하고 지혜가 많다.
　　너는 나를 위하여 조계산에 가
　　혜능이 있는 곳에 이르러
　　예배를 하고 단지 듣기만 하되
　　내가 보내서 왔다고 하지 말라.

　　그리고 들은 뜻을 기록해 가지고 와서
　　나에게 말하여라.
　　그리하여
　　혜능의 견해와 나의 견해를 비교하여
　　누가 빠르고 느린지를 보게 하라.
　　너는 제일 빨리 와서
　　나를 괴이하게 여기지 않도록 하여라."

211. 지성이 받들고 기뻐하였다.
　　드디어 떠난지 반달 쯤 걸려서
　　곧 조계산에 이르렀다.

혜능 화상을 보고 예배하고
법문을 들었으나
온 곳을 말하지 않았다.

지성이 법문을 듣고
언하言下에 문득 깨우쳐
곧 본심本心에 계합되었다.
일어나 곧 예배하고 말하였다.

212. "화상이시여,
제자는 옥천사로부터 왔습니다.
신수대사 있는 곳에서는
계합되는 깨우침을 얻지 못했으나
화상의 말씀을 듣고
문득 본심에 계합이 되었습니다.

화상께서는
원컨대 자비로서 가르쳐 주소서."

213. 혜능대사께서 말씀하셨다.
    "네가 저쪽으로부터 왔다면
    마땅히 간첩이구나."

214. 지성이 말하기를
    "말하지 않았다면 간첩이지만,
    말했기 때문에 간첩이 아니옵니다."

215. 육조께서 말씀하셨다.
    "번뇌가 곧 보리인 것도
    또한 이와 같으니라."

제 31 장. 계戒·정定·혜慧

216. 대사께서 지성에게 말씀하셨다.
   "나는 그대의 스승 신수선사가
   사람들을 가르칠 때
   오직 계戒·정定·혜慧를
   전한다고 들었다.

   그대의 화상이 사람들에게
   계·정·혜를 어떻게 가르치는지
   마땅히 나에게 말해보라."

217. 지성이 말했다.
   "신수 화상께서는 계·정·혜를 말할 때
   모든 악을 짓지 않는 것을
   계戒라고 이름하고,

모든 선을 받들어 행하는 것을
혜慧라 이름하고,

스스로 그 뜻을 청정히 하는 것을
정定이라고 이름했습니다.

이것을 곧 계정혜라 이름한다 했습니다.

저쪽에서는 이와 같이 설합니다만
화상의 견해는 어떠한지
알지 못하겠습니다."

218. 혜능화상께서 답하여 말씀하셨다.
"이 말은 이상하구나.
혜능의 견해는 또한 다르다."

219. 지성이 묻기를,
"어떻게 다르옵니까?"

220. 혜능대사께서 말씀하시기를,
"견해는 느리고 빠름이 있다."

지성은 화상에게 계·정·혜에 대한
견해를 설해주기를 청했다.

221. 대사께서 말씀하셨다.
"그대는 내가 하는 말을 듣고
나의 견처見處를 보라.

심지心地에 그릇됨이 없는 것이
자성의 계戒요,

심지에 어지러움이 없는 것이
자성의 정定이요,

심지에 어리석음이 없는 것이
자성의 혜慧이니라."

222. 대사께서 말씀하셨다.

"그대 스승의 계·정·혜는
소근기인에게 권하는 것이고,
나의 계·정·혜는
상근기인에게 권하는 것이다.

자성을 깨달았다면
또한 계·정·혜를
세울 필요도 없느니라."

223. 지성이 말하였다.
"청컨대 대사께서
세우지 않는다고 말씀하심은
무슨 뜻이옵니까?"

224. 대사께서 말씀하셨다.

"자성은 그릇됨이 없고,
어지럽지 않으며, 어리석지 않다.

생각생각을 반야로 관조하여
항상 법상法相을 떠나니
어찌 가히 세울 수 있겠는가?

자성은 돈수頓修라,
점차漸次가 있지 아니하니
소이所以 세울 수가 없다."

225. 지성은 예배하고
문득 조계산을 떠나지 않고,
곧 문인이 되어
대사의 옆을 떠나지 않았다.

146

제 32 장. 법달法達과의 문답
(법화경의 일승법)

226. 또 한 스님이 있었는데
　　　이름이 법달法達이라 하였다.
　　　항상 법화경을 7년 동안
　　　암송하였으나, 마음이 미혹하여
　　　정법의 당처堂處를 알지 못하더니

227. "제가 경에 의심이 있사오니
　　　대사께서는 광대한 지혜로서
　　　원컨대 의심을 없애 주소서."

228. 대사께서 말씀하셨다.

　　　"법달이여,

법은 곧 심히 통달했으나,
그대의 마음은 통달하지 못했도다.

경은 의심할 바가 없으나,
그대의 마음이 스스로 삿되면서
정법을 구하려 하는구나.

나의 마음이 정정正定이면
곧 이것이 경을 지니는 것이다.
나는 일생 이래로 문자를 알지 못한다.

그대가 법화경을 가지고 와
나에게 한편을 읽어주면
내가 듣고 알 수 있으리라."

229. 법달이 경을 가져와
대사에게 한 편을 읽었다.

육조께서 듣고 나신 후
곧 부처님의 뜻을 아시고
문득 법달에게 법화경을 설하셨다.

230. 육조께서 말씀하셨다.

"법달이여,
법화경에는 많은 말이 없다.
일곱 권 모두 비유와 인연이다.

여래가 널리
삼승三乘에 대하여 설한 것은
다만 세상 사람들의 근기가
둔하기 때문이다.
경문에 분명히 나머지 수레餘乘는 없고
오직 일불승一佛乘 뿐이라고 했느니라."

231.대사께서 말씀하셨다.

"법달이여,
그대는 일불승을 듣고
이불승을 구하려 하지 마라.
도리어 너의 성품이 미혹해진다.

경經 중에 어느 곳이 일불승인가?
그대에게 설하겠노라.

경에 이르기를
『제불세존은
오직
그대들의 일대사인연一大事因緣 때문에
세상에 출현한다.』
고 했다
위의 16자가 바로 정법正法이다.

232. 법을 어떻게 이해하고
   이 법을 어떻게 닦을 것인가?

그대는 나의 말을 들어라.
사람의 마음은 사량하지 않으면
본원本源이 공적하여
삿된 견해를 떠난 즉 일대사인연이며,
내외內外가 미혹하지 않은
즉 양변兩邊을 떠난 것이다.

밖으로 미혹하면 상相을 붙잡고
안으로 미혹하면 공空을 붙잡는다.
상에서 상을 떠나고
공에서 공을 떠나면
곧 이것이 내외가 미혹하지 않음이라.

만약 이 법을 깨달으면
한 생각에 마음이 열려
세상에 출현하게 되리라.

233. 마음이 열린다는 것은 무엇인가?

부처의 지견佛知見을 여는 것이다.
불은 각覺과 같다.
나누면 4가지 문이 되는데,

깨달음의 지견覺知見을 열고　　開
깨달음의 지견을 보고　　　　　示
깨달음의 지견을 깨닫고　　　　悟
깨달음의 지견에 들어가게한다. 入

열고開, 보고示,
깨닫고悟, 들어감入이
한 곳을 따라 들어가는 것이
곧 깨달음의 지견이다.

스스로 본성을 보면
곧 세상에서 나온다."

234. 대사께서 말씀하셨다.

"법달이여,
나는 항상 일체 세상 사람들이
심지心地에 항상 스스로
부처의 지견을 열고
중생의 지견을 열지 않기를 바라노라.

235. 세상 사람들의 마음이
어리석고 미혹하여 악을 지어서
스스로 중생의 지견을 열고,

세상 사람들의 마음이 바르면
지혜를 일으켜 관조하여
스스로 부처의 지견을 여나니,

중생의 지견을 열지 않고
부처의 지견을 열면
곧 세상에서 나오느니라."

236. 대사께서 말씀하셨다.

"법달이여,
이것이 법화경의 일승법이다.
아래로 향하여
삼승三乘으로 나누는 것은
어리석은 사람을 위한 것인 고로
그대는 단 일불승에 의지하라."

237. 대사께서 말씀하셨다.

"법달이여,
마음으로 행하면 법화를 굴릴 수 있고,
행하지 못하면
법화에 굴림을 당하느니라.

마음이 바르면 법화를 굴리고
마음이 삿되면 법화에 굴림을 당한다.

부처의 지견을 열면 법화를 굴리고,
중생의 지견을 열면
법화에 굴림을 당한다."

대사께서 말씀하셨다.

"노력하라.
법에 의지하여 수행을 하면
이것이 곧 경전을 굴리는 것이니라."

238. 법달이 한번 듣고
언하言下에 크게 깨우쳐
눈물을 흘리며 스스로 말하였다.

"화상이시여,
실로 일찍이
법화를 굴리지 못하고
7년 동안 법화에 굴림을 당했습니다.

이후로는 법화를 굴려 생각생각마다
부처의 행을 수행하겠습니다."

239. 대사께서 말씀하셨다.

"즉, 부처의 행이 바로 부처이니라."

그때 들은 사람들이
깨우치지 못한 자가 없었다.

제 33 장. 지상智常과의 문답
(사승법四乘法)

240. 그 무렵 한 스님이 있는데
     이름이 지상智常이라,
     조계산에 와서 화상께 예배하고
     사승법四乘法의 뜻을 물었다.

241. 지상이 화상께 여쭈어 말하기를,

     "부처님께서는
     삼승三乘을 설하시고
     또 최상승最上乘을 말씀하셨습니다.
     제자는 이해할 수가 없사오니
     원컨대 가르쳐 주시옵소서."

242. 혜능대사께서 말씀하시기를,

"그대 자신의 마음을 보고,
밖으로 법상法相을 잡지 말라.
원래 사승법은 없다.

사람 마음의 역량心量에 따라
네 가지 등급이 있어서
법에 사승四乘이 있는 것이다.

보고 듣고 독송하는 것은
소승小乘이며,
뜻을 이해하는 것은
중승中乘이고,
법에 의지하여 수행하는 것은
대승大乘이다.

243. 만법萬法이 다 통하고
    만행萬行이 다 갖추어져
    일체를 떠나지 않고
    다만 법상을 떠나서 짓되
    얻을 바가 없으면 이것이 최상승이니라.

    최상승은
    최상의 행을 뜻하는 것이니
    입으로 논쟁하는데 있지 않다.
    그대는 모름지기
    스스로 닦아서 나에게 묻지 말라."

제 34 장. 신회神會와의 문답
(생사해탈)

244. 또 한 스님이 있는데
이름이 신회神會라
남양南陽 사람이었다.
조계산에 와서 예배하고 물었다.

"화상께서는 좌선할 때
봅니까? 또는 보지 않습니까?"

245. 대사께서 일어나
신회를 세 번 잡아 때리고
도리어 신회에게 물었다.

"내가 그대를 때릴 때
아픈가, 아프지 않은가?"

246. 신회가 대답하기를,
"또한 아프기도 하고
또한 아프지 않기도 합니다."

247. 육조께서 말씀하시길,
"나도 또한 보기도 하고
또한 보지 않기도 한다."

248. 신회가 또 대사께 물었다.
"어찌하여 또한 보기도 하고
또한 보지 않기도 합니까?"

249. 대사께서 말씀하시기를,
"내가 또한 본다는 것은
항상 자기의 허물과 근심을 보는 것이니
그래서 또한 본다고 하는 것이며,

또한 보지 않는다고 하는 것은
천지인天地人의 허물과
죄를 보지 않는다고 하는 것이다.

이런 까닭에 또한 보기도 하고
또한 보지 않기도 하는 것이니라.
그대 또한 아프기도 하고
아프지 않기도 하다고 했는데
무슨 까닭인가?"

250. 신회가 대답하였다.

"만약 아프지 않다면
곧 무정無情의 목석木石과 한가지고,
만약 아프다면
곧 범부와 한가지로
곧 원한의 마음이 일어날 것입니다."

251. 대사께서 말씀하셨다.

"신회여,
앞에 보기도 하고
보지 않기도 하는 것은 양변兩邊이고,

통증이 있기도 하고
통증이 없기도 하는 것은
생멸生滅이니라.

그대는 자성을 또한 보지도 못하고서
감히 와서 사람을 희롱하려 드는가?"

신회가 예배하고 다시 말하지 못하였다.

252. 대사께서 말씀하시기를,
"그대의 마음이 미혹하여
보지 못하였으니
선지식에게 물어서 길을 찾아라.

그대는 마음을 깨달아
스스로 보아야 한다.
법에 의지하여 수행하라.

그대는 스스로 미혹하여
자기의 마음을 보지도 못하고서,
도리어 와서
혜능의 보고 보지 않음을 묻느냐?

내가 보는 것은 스스로 아는 것이지
그대의 미혹함을 대신할 수는 없다.
그대가 만약 스스로 보아도
나의 미혹함을 대신하겠는가?

어찌 스스로 닦지 않고
이에 나의 견해를 묻는가?"

253. 신회는 예를 드리고
문득 문인이 되어 조계산을 떠나지 않고
항상 옆에 있었다.

제 35 장. 삼과三科의 법문

254. 대사가 드디어
　　　　문인 법해法海, 지성志誠, 법달法達,
　　　　지상智常, 지통志通, 지철志徹,
　　　　지도志道, 법진法珍, 법여法如,
　　　　신회神會등을 불렀다.

255. 대사께서 말씀하셨다.

　　　　"너희들 십대제자는
　　　　앞으로 가까이 하라.
　　　　너희들은 나머지 사람들과 같지 않다.

　　　　내가 멸도한 후
　　　　너희들은 각자 한 지역의
　　　　우두머리가 될 것이다.

내가 너희들에게
법을 설하는 것을 가르쳐 주겠으니
근본 종지를 잃지 않도록 하라.

256. 삼과三科의 법문을 들어
삼십육대三十六對를 운용하되
출몰出沒에 있어
곧 양변兩邊을 떠나도록 하라.
일체법을 설할 때
성性과 상相을 떠나지 마라.

만약 사람이 법을 물으면
말을 냄에 다 쌍雙으로 하라.
모두 대법對法을 갖는다.

가고 옴은 상대로 인함이니,
마침내 두 법二法이 다 없어지면
문득 거처가 없어지리라."

257. "3과의 법문이라는 것은
　　　음陰, 계界, 입入이다.
　　　음은 5음五陰이고,
　　　계는 18계十八界고,
　　　입은 12입十二入이다.

　　　무엇을 5음이라 이름하는가?
　　　색음色陰, 수음受陰, 상음想陰,
　　　행음行陰, 식음識陰 이다.

　　　무엇을 18계라 이름하는가?
　　　육진六塵, 육문六門, 육식六識이다.

　　　무엇을 12입이라 이름하는가?
　　　밖으로 6진, 가운데로 6문이다.

　　　무엇을 6진이라 이름하는가?
　　　색色, 성聲, 향香,
　　　미味, 촉觸, 법法이 이것이다.

무엇을 6문이라 하는가?
안眼, 이耳, 비鼻, 설舌, 신身, 의意이다."

258. "법성法性이 6식인
    안식眼識, 이식耳識, 비식鼻識,
    설식舌識, 신식身識, 의식意識과
    6문, 6진을 일으키고,

    자성自性은 만법을 머금으니
    함장식含藏識이라 이름하느니라.

    사량하면
    곧 식識을 돌려서
    6식六識이 생기고
    6문六門으로 나오고,
    6진六塵을 보는데
    이것이 3·6은 18이다.

259. 자성이 삿됨을 말미암아
    십팔사十八邪가 일어나고,
    만약 자성이 바르면
    십팔정十八正이 일어난다.

    종합해서
    악惡으로 쓰면用 중생이고
    선善으로 쓰면用 곧 부처이다.

    용用은 무엇들로 말미암는가?
    자성自性의 대법으로 말미암느니라."

제 36 장. 대 법 對法

260. 외경外境의
　　　무정無情과 상대하는 것에는
　　　다섯 가지가 있다.

　　　천天은 지地와 상대이고,
　　　일日은 월月과 상대이고,
　　　암暗은 명明과 상대이고,
　　　음陰은 양陽과 상대이고,
　　　수水는 화火와 상대이다.

261. 언어와 법상法相에 상대되는 것은
　　12가지 상대가 있다.

　　　유위有爲와 무위無爲가 상대이고
　　　유색有色 무색無色이 상대이고
　　　유상有相 무상無相이 상대이고
　　　유루有漏 무루無漏가 상대이고
　　　색공色空이 상대이고
　　　동정動靜이 상대이고
　　　청탁淸濁이 상대이고
　　　범성凡聖이 상대이고
　　　승속僧俗이 상대이고
　　　노소老少가 상대이고
　　　장단長短이 상대이고
　　　고하高下가 상대이다.

262. 자성의 거처와 작용을 일으키는 것의
상대는 19가지 상대가 있다.

사邪와 정正, 치癡와 혜慧,
우愚와 지智, 난亂과 정定,
계戒와 비非, 직直과 곡曲,
실實과 허虛, 험嶮과 평平,
번뇌煩惱와 보리菩提,

자慈와 해害,
희喜와 진瞋, 사捨와 견慳,
진進과 퇴退, 생生과 멸滅,
상常과 무상無常,

법신法身과 색신色身,
화신化身과 보신報身,
체體와 용用,
성性과 상相의 유무有無가
친히 상대를 이룬다.

263. 언어와 법상에 12가지 상대가 있다.
외경의 무정과 5가지 상대가 있고,
자성의 거처에서 작용을 일으키는 것은
19가지 상대가 있어서

모두 합하여
36가지 대법對法을 이룬다.

264. 이 36가지의
대법對法을 이해하고 사용하면
일체 경전과 통하며,
출입出入에 있어 곧 양변을 떠난다.

265. 어떻게 자성은
36가지 대법을 일으켜 쓰는가?

함께 사람이 말을 할 때
밖으로 나오면
상相에서 상을 떠나고,
안으로 들면 공에서 공空을 떠난다.

공에 집착하면
곧 오직 무명無明을 기르고,
상에 집착하면
곧 오직 사견邪見을 기른다.

266. 법을 비방하면서 곧 말하기를
'문자를 쓰지 않는다.' 고 한다.

이미 이르기를
문자를 쓰지 않는다는 것은
사람이 말하는 것에 합당하지 않다.
언어가 곧 문자이기 때문이다.

자성에 대해서 공이라고 말하는 것이
바로 언어이기 때문에
본성은 공이 아니다.

스스로 미혹한 사람이
언어를 없애려 하는 까닭이니라.

267. 어둠은 스스로 어둠이 아니고
밝음 때문에 어둠이 되고,

밝음이 변하여 어둠이 되며,
어둠으로서 밝음이 나타나느니라.

오고 가는 것은 상대로 인함이니
36대법 또한 이와 같으니라."

제 37 장. 단경의 부촉附囑

268. 대사께서 말씀하셨다.

"십대제자여,
이후에 법을 전하되
이 한 권의 단경檀經을 서로 가르쳐 주어
근본 종지를 잃지 않도록 하라.

단경을 이어받지稟受 않는다면
나의 종지가 아니니라.
이제 얻었으니
대대로 유행流行시키도록 하라.
단경을 만나 얻은 자는
내가 친히 준 것과 같이 보아라."

269. 열 명의 스님들이 가르침을 받아 마치고
단경을 베껴서 대대로 유행시키니
얻은 자는 반드시 성품을 보리라.

제 38 장. 진가동정게 眞假動靜偈

270. 대사께서는
    선천先天 2년 8월 3일 입적하셨다.
    7월 8일에 문인들을 불러
    고별을 하셨는데,

    대사께서는 선천원년先天元年에
    신주新州 국은사國恩寺에
    탑을 조성하시고,
    선천 2년 7월에 이르러
    작별을 고하신 것이다.

271. 대사께서 말씀하시기를,
    "너희들은 앞으로 가까이 오라.
    나는 8월에 이르러
    세상을 떠나고자 하니,

너희들은 의심이 있으면 빨리 물어라.
내가 너희들을 위하여
의심을 타파해 주리라.

마땅히 미혹한 자로 하여금
다하여 너희들로 하여금
안락하게 하리라.
내가 간 후에
너희들을 가르칠 사람이 없다.”

272. 법해 등 스님들이
     듣고 나서 눈물을 흘리며 울었으나
     오직 신회神會만이 움직이지 않고
     또한 울지도 않았다.

273. 육조께서 말씀하시기를
     “신회는 어린 사미임에도 불구하고

도리어 선善이 평등함을 얻어서
칭찬과 비난에 움직이지 않는데,
나머지는 얻지 못하였구나.

수년 동안 산중에서
다시 무슨 도를 닦았는가?

너희가 지금 슬피 우는 것은
다시 누구를 근심하는 것인가?
나를 근심하는 것은
갈 곳이 있음을 알지 못해서인가?

만약 갈 곳을 알지 못하면
마침내 너희와 이별하지 않을 것이다.
너희들이 슬피 우는 것은
곧 나의 거처를 알지 못하기 때문이다.
만약 거처를 안다면
곧 슬피 울지 않을 것이다.

274. 성품은 생멸이 없고
　　　감도 없고 옴도 없다.

　　　너희들은 다 앉아라.
　　　내가 너희들에게 한 게송을 주리니,
　　　진가동정게眞假動靜偈이니라.
　　　너희들이 다 암송하고 가져서
　　　이 게송의 뜻을 본다면
　　　너희는 나의 뜻과 같으리니
　　　이처럼 수행하여 종지를 잃지 말라.”

275. 스님들은 예배하고
　　　대사께 게송 남기기를 청하여
　　　공경하는 마음으로 받아 지녔다.

- 게 송 -

276. 일체는 진眞이 있지 아니하니
     참된 것을 보려고 하지 마라.

     만약 참된 것에 의지하여 보려하면
     이 보는 것은 모두 참된 것이 아니다.

     만약 능히 스스로 참이 있다면
     거짓을 떠난 즉 마음이 참이다.

     자기 마음이 거짓을 떠나지 않으면
     참이 없으니
     어느 곳에 참이 있겠는가?

277. 유정有情은 곧 움직일 줄 알고
     무정無情은 곧 움직임이 없다.
     만약 부동不動의 행을 닦는다면

무정의 부동과 한가지다.
만약 진실로 부동을 볼 것 같으면,
움직임 위에 부동이 있다.

부동이 부동이면
무정으로서 불종佛種이 없으리라.

능히 성품을 잘 분별하되
제일의第一義는 부동이니라.

만약 이 견해를 짓는 것을 깨달으면
곧 이것이 진여眞如의 작용이다.

278. 모든 도를 배우는 자에게 알리노라.

노력하여서 모름지기 뜻을 써서
대승문大乘門에서
도리어 생사의 지혜를 잡지 마라.

앞의 사람과 상응相應하면
곧 부처님의 말씀에 대해서
함께 논하라.

만약 실제로 서로 응하지 않으면
합장하고 선善을 권하라.

이 가르침에는
본래 다툼이 없으니
만약 다툼이 있으면 도의 뜻을 잃는다.

미혹함을 집착하여
법문에 다툼이 있으면
자성은 생사에 들어가느니라.

제 39 장. 게송을 전함 傳偈

279. 대중 스님들은
    이미 듣고 대사의 뜻을 알아
    다시는 함부로 다투지 않고
    법에 의지하여 수행하였다.

    일시에 예배하고
    곧 대사가 세상에
    오래 머무르지 않을 것을 알았다.

280. 상좌 법해가 앞에 나아가 말하였다.

    "대사님, 대사님께서 가신 후
    의법衣法은 마땅히
    누구에게 부촉附囑하시겠습니까?"

281. 대사께서 말씀하시기를

"법은 곧 부촉하여 마쳤다.
너희들은 모름지기 묻지 마라.

내가 멸한 후 이십여 년이 지나
사법邪法이 요란하고,
나의 종지가 미혹해질 때

어떤 사람이 와서
신명을 아끼지 않고
부처님 가르침에 시비를 정定하여
종지를 확립시키리니
곧 그것이 나의 정법이다.

가사를 전하는 것은 합당하지 않다.

282. 너희들이 믿지 않을 것이니
내가 선대 다섯 분의 조사께서
가사를 전하고 법을 부촉하신
게송들傳衣付法頌을 외워 주리라.

만약 제 1조 달마대사의
게송의 뜻에 의거하면
곧 가사를 전하는 것은 합당하지 않다.
내가 너희들에게
게송을 외워 주리니 잘 들어라."

283. 제 1조 달마 화상 게송에 이르되

내가 본래 당나라에 온 것은
가르침을 전하여
미혹한 중생을 구하고자 함이니,
하나의 꽃이
다섯 개의 잎으로 필 것이니
결과가 자연히 이루어지리라.

284. 제 2조 혜가 화상 송에 이르되

본래 땅이 있는 인연으로
땅으로부터 종자와 꽃이 나왔다.
마땅히 본래 땅이 없다면
꽃은 어느 곳으로부터 나올 것인가?

285. 제 3조 승찬 화상 송에 이르되

꽃과 종자는
모름지기 땅으로 인함이니
땅 위에 종자와 꽃이 나온다.
꽃과 종자의 성품에 생함生이 없다면
땅 또한 생함이 없다.

286. 제 4조 도신 화상 송에 이르되

꽃과 종자의 성품에 생함이 있으면

땅으로 인하여 종자와 꽃이 나온다.
먼저의 인연에 화합함이 없다면
일체 모두 생生이 없다.

287. 제 5조 홍인 화상 송에 이르되

유정有情이 와서 종자를 심으면
무정無情에도 꽃이 곧 나온다.
무정 또한 무종無種이고
심지心地 또한 무생無生이다.

288. 제 6조 혜능 화상 송에 이르되

심지心地는 정情과 종자를 머금었고
법비는 꽃을 생하게 한다.
스스로 꽃과 정과 종자를 깨달으면
보리과는 스스로 이루어지네.

289. 혜능대사께서 말씀하셨다.

"너희들은 내가 지은 두 게송을 듣고
달마화상 게송의 뜻을 가져라.

너희들이 미혹한 사람일지라도
이 게송에 의지하여 수행하면
반드시 마땅히 견성하리라."

290. 첫째 게송을 말씀하셨다.

심지에 삿된 꽃이 피니
다섯 꽃잎이 쫓아 뿌리를 따르네.
함께 무명업無明業을 지었으니
업의 바람이 부는 것을 입음을 보네.

291. 둘째 게송을 말씀하셨다.

심지에 바른 꽃이 피니
다섯 꽃잎 쫓아 뿌리를 따르네.
함께 반야의 지혜를 닦으면
마땅히 불보리佛菩提가 오리라.

292. 육조대사께서는
게송을 설하여 마치시고
중생들을 해산시켰다.

문인들은 밖으로 나와
생각하기를 곧 대사께서
세상에 오래 머물지 않을 것을 알았다.

제 40 장. 돈교법의 전승傳承

293. 육조대사께서는
그 뒤 8월 3일이 되어 공양을 드신 후
대사께서 말씀하셨다.

"너희들은 모두 자리에 앉아라.
내가 이제 너희들과 함께
이별하고자 한다."

294. 법해法海가 질문하여 말하기를

"이 돈교 법이
위로부터 전수된 이래로
지금까지 몇 대 입니까?"

295. 육조께서 말씀하셨다.

"처음에 일곱 부처님이 전수傳授 했으니
석가모니부처님이 제7대이시다.

제8대 대가섭大迦葉,
제9대 아난阿難,
제10대 말전지末田地,
제11대 상나화수商那和修,
제12대 우바국다優婆毱多,
제13대 제다가提多迦,
제14대 불타난제佛陀難提,
제15대 불타밀다佛陀蜜多,
제16대 협비구脇比丘,
제17대 부나사富那奢,
제18대 마명馬鳴,
제19대 비라장자毗羅長者,
제20대 용수龍樹,
제21대 가나제바迦那提婆,
제22대 라후라羅睺羅,

제23대 승가나제僧伽那提,

제24대 승가야사僧迦耶舍,

제25대 구마라타鳩摩羅馱,

제26대 사야다闍耶多,

제27대 바수반다婆修盤多,

제28대 마나라摩拏羅,

제29대 학륵나鶴勒那,

제30대 사자비구師子比丘,

제31대 사나파사舍那婆斯,

제32대 우파굴優婆堀,

제33대 승가라僧迦羅,

제34대 수파밀다須婆蜜多,

제35대 남천축국왕자 제삼태자

　　　 보리달마菩提達摩,

제36대 당국 승 혜가慧可,

제37대 승찬僧璨,

제38대 도신道信,

제39대 홍인弘忍,

혜능은 현재에 법을 받은
제40대 이니라."

296. 대사께서 말씀하시기를

"금일 이후 순차적으로 서로 전수하여
모름지기 의약依約하고
종지를 잃지 않도록 하라."

제 41 장. 견진불해탈송 見眞佛解脫頌

297. 법해가 또 아뢰었다.

"대사께서 지금 가시면,
어떤 법을 남겨 부촉하시고,
후대 사람들로 하여금
어떻게 부처를 보게 하시겠습니까?"

298. 육조께서 말씀하시기를

"너희들은 들어라.
후대에 어리석은 사람이라도
단지 중생을 알면
곧 능히 부처를 볼 것이다.

만약 중생을 알지 못하면

만겁토록 부처를 찾아도
볼 수 없으리라.

내가 지금 가르치는 것은
너희에게 중생을 알아
부처를 보게 하는 것이다.
다시 진불眞佛을 보고
해탈하는 게송을 남기겠다.

미혹하면 부처를 보지 못하고
깨친 자는 곧 보느니라."

299. "법해는 듣기를 원하오니,
　　　대대로 유전流傳하여 세세생생
　　　끊어지지 않게 하도록 하겠습니다."

300. 육조께서 말씀하시기를

"너희들은 듣도록 하라.
내가 너희에게 설하리라.
후대 사람들이
만약 부처를 찾고자 한다면

단지 부처님 마음이 중생임을 알면
곧 부처를 알 수 있다.
부처는 중생이 있는 인연이니
중생衆生을 떠나서 불심佛心은 없다."

301. 미혹하면 곧 부처가 중생이고
깨달으면 곧 중생이 부처이다.

어리석으면 부처가 중생이고
지혜로우면 중생이 부처이다.

마음이 험악하면 부처가 중생이고
평등하면 중생이 부처이다.

한평생 마음이 험악하면
부처는 중생심에 있다.

일념을 깨달아 만약 평등하면
곧 중생이 스스로 부처다.

나의 마음에 스스로 부처가 있으면
자불自佛이 진불眞佛이다.

스스로 만약 불심이 없으면
어느 곳을 향하여 부처를 구할 것인가?

제 42 장. 자성진불해탈송 自性眞佛解脫頌

302. 대사께서 말씀하셨다.

　　　너희 등 문인들은 잘 머물러라.
　　　내가 한 게송을 남길 것이니
　　　이름하여
　　　자성진불해탈송自性眞佛解脫頌이니라.

　　　후대에 어리석은 사람이
　　　이 노래의 뜻을 알면
　　　곧 자기 마음 자성의 진불을 보리라.

　　　너희들에게 이 게송을 주고
　　　나는 너희들과 이별하고자 한다.

303. 진여眞如의 청정한 성품은 진불眞佛이요.
     사견邪見과 삼독三毒은 진마眞魔로다.

     사견이 있는 사람은 악마가 집에 있고,
     정견이 있는 사람은
     부처가 곧 지나가도다.

     성품 중에 사견과 삼독이 생기면
     곧 이것은 마왕이 와서
     집에 머무르는 것이다.

304. 정견이 홀연히 3독심을 없애면,
     마魔가 변하여 부처를 이루니
     참되어 거짓이 없도다.

화신化身 보신報身 및 법신法身
삼신三身은 원래 한 몸이니
만약 몸을 향해서
스스로 보는 것을 찾는다면
곧 성불하는 보리의 원인이 된다.

305. 본래 화신으로부터
청정한 성품이 생하니
청정한 성품은 항상 화신 중에 있도다.

성품은 화신으로 하여금
정도正道를 행하게 하니
당래에 원만히 진실로 무궁하리라.

306. 음성婬性은
본래 청정성淸淨性의 인因이니
음婬을 제거하면

곧 청정한 성품의 몸도 없도다.
성품 중에서
다만 스스로 오욕五欲을 떠나면
견성은 찰나며
곧 이것이 참이로다.

307. 금생에
만약 돈교문頓敎門을 깨달으면
깨달은 즉
눈앞에서 세존을 볼 것이나

만약 수행을 하여
부처를 찾는다고 한다면
어느 곳에서
참됨을 구해야 할지 알지 못한다.

308. 만약에 능히 몸 가운데
스스로 참됨이 있다면,
그 참됨 있음이
바로 부처를 이루는 원인이라.

스스로 참됨을 구하지 않고
밖으로 부처를 찾는다면
가서 찾는 이는
다 크게 어리석은 사람이로다.

309. 돈교법頓教法이라는 것은,
이는 서쪽에서 흘러와
세상 사람들을 구도救度하였으니
모름지기 스스로 닦아라.

이제 세상의
도를 배우는 사람들에게 알리노니
이 견해가 아니면
매우 멀고 아득하리라.

제 43 장. 멸 도 滅度

310. 대사는 게송을 설한 뒤
드디어 문인에게 말하였다.

"그대들은 잘 있거라.
이제 그대들과 이별하노라.

내가 입적한 후에
세상의 정으로 슬피 울지 말고
조문이나, 돈, 비단을 받지 말고
상복을 입지 않도록 하라.

이것은 성인聖人의 법도 아니고
나의 제자도 아니다.
내가 있을 때와 똑같이 하라.

311. 일시에 단정히 앉아
　　　무동無動 무정無靜,
　　　무생無生 무멸無滅,
　　　무거無去 무래無來,
　　　무시無是 무비無非,
　　　무주無住로
　　　탄연坦然히 적정寂靜하게
　　　하는 것이 곧 대도大道이다.

　　　내가 간 후에
　　　다만 법에 의지하여 수행하고
　　　내가 있을 때와 같이 하라.

　　　내가 만약 세상에 있더라도,
　　　너희들이 가르치는 법을 어기면
　　　내가 머물러도 이익이 없다.”

312. 대사는 이 말씀을 마치시고
　　　밤 삼경에 이르러 문득 천화遷化하셨다.
　　　대사의 춘추 일흔 여섯이었다.

　　　대사가 입적하신 온종일
　　　절 안에는
　　　기이한 향내가 기운이 가득 차서
　　　며칠이 지나도록 흩어지지 않았다.

　　　산은 붕괴되고 땅은 진동하고
　　　나무들은 흰색으로 변하고
　　　해와 달은 빛을 잃고
　　　바람과 구름은 색을 잃었다.

313. 8월 3일 입적하셨고,
　　　11월에 이르러 화상의 시신을
　　　조계산에 맞아들여
　　　용감龍龕내에 모시고 장례를 치르니,

백광이 출현하여 바로 하늘로 솟았고,
3일 후에 비로소 흩어졌다.

소주 자사 위거韋璩가
비문을 세워 지금까지 공양을 올린다.

제 44 장. 후 기 後記

314. 이 단경은 법해法海 상좌가 모았다.

상좌가 무상無常하여
동학인 도제道漈에게 부촉하였고
도제가 무상無常하여
문인 오진悟眞에게 부촉하였다.

오진은 영남 조계산
법흥사法興寺에 있으면서
지금도 이 법을 전수한다.

315. 이 법을 부촉하려면
반드시 상근上根의 지혜를 얻어야 한다.

불법에 믿음을 내며

대비심을 확립한 사람이
이 경을 지님으로써 품승이 되었고
지금까지 끊어지지 않았다.

316. 화상은 본래
소주韶州 곡강현曲江縣 사람이다.

여래가 열반에 들고
불법의 가르침이 동토로 흘러왔다.
다 함께 무주無住를 전한 즉,

나의 마음도 무주이다.
이것은 참보살眞菩薩의 설법이고
진실한 깨달음을 행하여
참되게 보이셨다.

오직 대지혜인에게만 가르치니
이러한 뜻으로 범부를 제도하라.

317. 서원을 세워 수행하며
     수행함에 어려움을 만나도
     물러나지 않고,
     고통을 만나도 능히 참고
     복덕이 심히 두터운 이런 사람에게
     바야흐로 이 법을 전수하라.

     근성이 감당하지 못하고
     재량材量을 얻지 못한 것 같다면
     비록 이 법을 구하더라도
     어기고 부덕한 자에게는
     망령되이 단경을 부촉하지 말지니
     모든 동도同道들에게
     모든 은밀한 뜻을 알리노라.

-남종돈교최상대승단경법 1 권 終-

南宗頓教最上大乘摩訶般若波羅蜜經
六祖惠能大師於韶州大梵寺施法壇經

원문
原文

六祖惠能大師 著

1. 원문은 그대로 싣고 첨삭이 필요한 부분은 주석으로 달았다.

2. 현재 쓰고 있는 말 중에 姓→性 惠→慧(혜능대사 존함 불포함)는 처음만 주석을 달고 후에는 동일하게 적용이 되었다.

3.참조본

가.英國倫敦不列顚圖書館（一稱大英博物館）、編號爲「斯五四七五」的藏本

나.敦煌市博物館所藏的任子宜本，編號爲「敦博〇七七」

다.北京國家圖書館藏寫本，舊編岡字四八號（膠卷八〇二四號）

라.惠昕本 ： 六祖大師法寶壇經

마.楊曾文 校訂本　敦煌新本 六祖壇經

六 祖 壇 經

六祖惠能大師 著

제 1 장 경經의 이름

1. 南宗頓教最上大乘摩訶般若波羅蜜經
2. 六祖惠能大師於韶州 大梵寺 施法壇經一卷 兼受無相戒
3. 弘法弟子法海集記

제 2 장 법法을 설한 연유

4. 惠能大師。於大梵寺講堂中昇高座。說摩訶 般若波羅蜜法
   受無相戒。其時座下 僧尼道俗 一萬餘人。韶州刺史<u>等據</u>及
   諸官寮三十餘人。儒士餘人。同請大師。說摩訶般若波羅
   蜜法。
5. 刺史遂令門人僧法海集記。流行後代。與學道者承此宗旨。
   遞相傳授。有所於約 以爲稟承。說此壇經。

제 3 장 금강경金剛經을 듣다

6. 能大師言。善知識淨心念 摩訶般若波羅蜜法。
7. 大師不語自淨心神。良久乃言。善知識淨聽。惠能慈父。
   本官范陽　左降遷流南新州百姓。惠能幼小。父小早亡。老
   母孤遺移來海 艱辛貧乏。於市買柴。

---

4. 等據 : 等據法寶壇經作意璩

213

忽有一客買柴。遂領惠能至於官店。客將柴去。惠能得錢。
却向門前。忽見一客讀金剛經。惠能一聞心<u>名</u>便悟

8. 乃<u>聞</u>客曰。從何處來持此經典。客答曰。我於蘄州黃梅縣東
憑墓山。禮拜五祖弘忍和尚。見令在彼門人有千餘衆。我於
彼聽。見大師勸道俗但持金剛經一卷。即得見性直了成佛。

9. 惠能聞説。宿業有縁。便即辭親。

제 4 장　스승을 만나다

10. 往黃梅憑墓山。禮拜五祖弘忍和尚。

11. 弘忍和尚問惠能曰。汝何方人。來此山禮拜吾。汝今向吾
邊。復求何物。

12. 惠能答曰。弟子是領　南人。新州百姓。今故遠來禮拜和
尚。不求餘物。唯求佛法作。

13. 大師遂責惠能曰。汝是領南人。又是獦獠。若爲堪作佛。

14. 惠能答曰。人即有南北。佛性即無南北。獦獠身與和尚不
同。佛性有何差別。

15. 大師欲更共議。見左右在傍邊。大師更不言。遂發遣惠能
令隨衆作務。

16. 時有一行者。遂差惠能於碓坊。踏碓八个餘月。

---

7. 。 名 → 明

8. 。 聞 → 問

제 5 장   게송 짓기를 명하다

17. 五祖忽於一日喚門人盡來。門人集記。

五祖曰。吾向與説。世人生死事大。汝等門人終日供養。只求福田。不求出離生死苦海。汝等自姓迷福門何可救汝。汝惣且歸房。自看有知惠者。自取本＊姓般若知之。各作一偈呈吾。<u>吾</u>看汝偈。若吾大意者。<u>若吾大</u>付汝衣法。稟爲六代。火急急。

18. 門人得處分。却來各至自房。遞相謂言。我等不須<u>呈</u>心用意作偈將呈和尚。神秀上座是教授師。秀上座得法後。自可於止請<u>不用作</u>。諸人息心盡不敢呈偈。

19. 時大師堂前 有三間房廊。於此廊下供養欲畫楞伽變。并畫五祖大師傳授衣法。流行後代爲記。

20. 畫人盧玲看壁了。明日下手。

제 6 장   신수神秀가 게송을 짓다

21. 上座神秀思惟。諸人不呈心偈。縁我爲教授師。我若不呈心偈。五祖如何得見我心中見解深淺。我將心偈上五祖呈意。即善求法覓祖不善。却同凡心奪其　聖位。若不呈心修不得法。良久思惟甚難甚難甚難甚難夜至三更。

---

17. ∘ 姓 → 性(이후 동일적용)　　∘ 吾 → 悟　∘ 若吾大 → 삭제
18. ∘ 呈 → 淨　　∘ 不用作 → 偈不用作

215

22. 不令人見。遂向南廊下中間壁上題。作呈心偈欲求於法。

23. 若五祖 見偈。言此偈語。若訪覓我。我宿業障重不合
    得法。聖意難測。我心自息。

24. 秀上座三更於南 廊下中間壁上秉燭題作偈。人盡不和。

25. 偈曰
    身是菩提樹　心如明鏡臺
    時時勤佛拭　莫使有塵埃

26. 神秀上座題此偈畢歸房臥。並無人見。五祖平旦遂換盧供奉
    來。南廊下畫楞伽變。五祖忽見此偈請記。

27. 乃謂供奉曰。弘忍與供奉錢三十千。深勞遠來。不畫變相
    也。金剛經云。凡所有相皆是虛妄。不如流此偈令迷人誦。
    依此修行不墮三惡。依法修行人有大利益。

28. 大師遂喚門人盡來。焚香偈前。人衆入見。皆生敬心。

29. 汝等盡誦此偈者方得見＊姓。於此修行即不墮落。

30. 門人盡誦。皆生敬心。喚言善哉。

31. 五祖遂喚秀上座於堂內門是汝作偈否。若是汝作應得我法

32. 秀上座言。罪過實是神秀作。不敢求祖。願和尚慈悲看。
    弟子有小智惠識大意否。

---

25. 。 佛 → 拂

26. 。 換 → 喚

31. 。 門 → 問

216

33. 五褐曰。汝作此偈。見即來到。只到門前。尚未得入。
凡夫於此偈修行。即不墮落。作此見解。若覓無上菩提。
即未可得。須入得門見自 * 姓。汝旦去。一兩日來思惟。
更作一偈。來呈吾。若入得門見自本 * 姓。當付汝衣法。

34. 秀上座去數日作不得。

제 7 장 혜능이 게송을 짓다

35. 有一童子。於碓坊邊過。唱誦此偈。惠能一聞知未見 * 姓
即識大意。能問童子。適來誦者是何言偈。

36. 童子答能曰。作不知大師言。生死是大。欲傳於法。
令門人等各作一偈來呈看悟大意 即付衣法。稟爲六代 * 褐
有一上座名神秀。忽於南廊下書無相偈一首。五祖。令諸門
人 盡誦。悟此偈者即見自 * 姓。依此修行即得出離。

37. 惠能答曰。我此踏碓八箇餘月。未至堂前。望上人引惠能
至南廊下。見此偈禮拜。亦願誦取結來生緣。願生佛地。

38. 童子引能至南 廊下。能即禮拜此偈。爲不識字。
請一人讀。惠問已即識大意。惠能亦作一偈。又請得一解
書人。於西間壁上提着。呈自本心。

---

33. ◦ 褐 → 祖(이후 동일 적용)
38. ◦ 惠問 → 惠能聞

39. 不識本心。學法無益。識心見＊<u>姓</u>。即<u>吾</u>大意。

40. 惠能偈曰

　　菩提本無樹　明鏡亦無臺

　　佛性常清淨　何處有塵埃

　　又偈曰

　　心是菩提樹　身爲明鏡臺

　　明鏡本清淨　何處染塵埃

41. 院内從衆。見能作此偈盡怪。惠能却入碓坊。五＊<u>褐</u>忽見
　　惠能但　即善知識大意。恐衆人知。五祖乃謂衆人曰。此亦
　　未得了。

제 8 장　　법法을 받다

42. 五祖夜知三更。喚惠能堂内。説金剛經。惠能一聞言下便
　　<u>伍</u>。其夜受法。人盡不知。便傳頓法及衣。汝爲六代。祖衣
　　將爲信。稟代代相傳法。以心傳心。當令自悟。

43. 五祖言。惠能自古傳法氣如懸絲。若住此間。有人害汝。
　　汝即須速去。能得衣法。三更發去。五祖自送能。於九江驛
　　登時。便

---

39. 。吾 → 悟
42. 。伍 → 悟

44. 悟祖處分。汝去努力 將法向南。三年勿弘此法。難去在後
    弘化善誘迷人。若得心開。汝悟無別。辭違已了便發向南。

제 9 장　혜순을 교화하다

45. 兩月中間至大庾嶺。不知向後。有數百人。來欲擬頭惠能
    奪於法。來至半路。盡總却迴。唯有一僧。姓陳。名惠順。
    先是三品將軍。性行麤惡。直至嶺上。來趁犯著。
46. 惠能即還法衣。又不肯取。我故遠來。求法不要其衣。
47. 能於嶺上便傳法惠順。惠順 得聞言下心開。能使惠順即却
    向北化人來。

제 10 장　정 혜定慧

48. 惠能來衣此地。與諸官奪道俗亦有累劫之因。教是先性
    所傳。不是惠能自知。願聞先＊性教者。各須淨心。聞了願
    自餘迷。於先代悟。
49. 下是法

---

44. 。悟 → 五
48. 。衣 → 依　 。奪 → 僚　 。性 → 聖　 。餘 → 除

219

50. 惠能大師喚言。善知識。菩提般若之知。世人本自有之。
即縁心迷不能自悟。須求大善知識示道見性。

51. 善知識 遇悟成智。

52. 善知識。我此法門。以定<u>惠</u>爲本第一。勿迷言<u>惠</u> 定別。
定惠體一不二。即定是惠體。即惠是定用。即惠之時定在
惠。即定之時惠在定。

53. 善知識。此義即<u>是惠</u>等。學道之人作意。莫言先定發惠。
先惠發定。定惠各別。

54. 作此見者。法有二相。口説善心不善。惠定不等。
心口俱善。内外一衆種。定惠即等。

55. 自悟修行不在口諍。若諍先後。即是人不斷勝負。
却生法我不離四相。

제 11 장　　일행삼매一行三昧

56. 一行三昧者。於一切時中行住座臥常<u>眞</u>。眞心是。
淨名經云。眞心是道場。眞心是淨土。莫心行諂典。口説法
直。口説一行三昧。不行眞心。非佛弟子。

---

52. ◦ 惠 → 慧(이후 동일적용)
53. ◦ 是惠 → 是定慧
56. ◦ 眞 → 直

57. 但行眞心。於一切法上無有執著。名一行三昧。

58. 迷人著法相。執一行三昧。眞心座不動。除妄不起心。
    即是一行三昧。若如是此法同無清。却是障道因緣。

59. 道順通流。何以却滯。心住在即通流。住即彼縛。
    若座不動。是維摩詰不合呵舍利弗宴座林中。

60. 善知識。又見有人教人座。看心看淨。不動不起。
    從此置功。迷人不悟。便執成顛。即有數百盤。
    如此教道者。故之大錯。

61. 善知識。定惠猶如何等。如燈光。有燈即有光。
    無燈即無光。燈是光知體。光是燈之用。即有二體無兩般。
    此定惠法亦復如是。

제 12 장   무념無念 무상無相 무주無住

62. 善知識。法無頓漸。人有利鈍。明即漸勸。悟人頓修。
    識自本是見本性。悟即元無差別。不悟即長劫輪迴。

63. 善知識。我自法門。從上已來。頓漸皆立無念無宗無相
    無體無住無爲本。

---

57. ◦ 眞 → 直
58. ◦ 眞心 → 直心   ◦ 無清 → 無情
59. ◦ 住 → 不住
62. ◦ 明 → 迷

64. <u>何明爲相</u>。無相於相而離相。

65. 無念者於念而不念。

66. 無住者。爲人本性。念念不住。前念<u>念念後念</u>。念念相<u>讀</u>

67. 無有斷絶。若一念斷絶法身即是離色身。念念時中。
於一切法上無住。一念若住 念念即住名繫縛。於一切法上
念念不住即無縛也。以無住爲本。

68. 善知識。外離一切相是無相。但能離相 性體清淨是。
是以無相爲體。

69. 於一切<u>鏡</u>上不 染名爲無念。

70. 於自念上離<u>鏡</u>。<u>不不</u>於法上念生。莫百物不思。念盡除却
一念斷即無別處受生。

71. 學道者用心。莫不息法意。自錯尚可。更勸他人。
迷不自見迷。又謗經法。是以立無念爲宗。

72. 即緣<u>名</u>人於 * <u>鏡</u>上有念念上便去邪見。一切塵勞妄念
從此而生。然此敎門立無念爲宗。

73. 世人離見不起於念。若無有念。無念亦不立。

74. 無者無何事。念者<u>何物</u>。無者離二相諸塵勞。_____ 眞
如是念之體。念是眞如之用。

---

64. 。何明爲相 → 何名無相 　。於 → 者於
66. 。念念後念 → 今念後念 　。讀 → 續　69. 。鏡 → 境
70. 。鏡 → 境 　。不不 → 不　72. 。名 → 迷 　。鏡 → 境
74. 。何物 → 念何物 　。_____ → 念者 念眞如本性

75. * 姓起念。雖即見聞覺之不染萬 * 鏡而常自在。

76. 維摩經云。外能善分別諸法相。内於第一義而不動。

제 13 장   좌선坐禪

77. 善諸識。此法門中。座禪元不著心。亦不著淨。亦不言動

78. 若言看心。心元是妄。妄如幻故無所看也。

79. 若言看淨。人 * 姓本淨。爲妄念故蓋覆眞如。離妄念本
     * 姓淨。不見自 * 姓本淨。心起看淨。却生淨妄。妄無處
     所。故知看者看却是妄也。淨無形相。却立淨相。言是功
     夫。作此見者章自本 * 姓。却被淨縛。

80. 若不動者。見一切人過患是性不動。迷人自身不動。
     開口即説人是非。與道違背。

81. 看心看淨。却是障道因縁。

82. 今記汝是此法門中。何名座禪。此法門中一切無礙。
     外於一切境界上念不去爲座。見本 * 姓不亂爲禪。

---

75. ◦ 姓 → 自性   ◦ 鏡 → 境
77. ◦ 動 → 不動
79. ◦ 章 → 郢
80. ◦ 若不動者 → 若修不動者   ◦ 見 → 不見

223

제 14 장   선정禪定

83. 何名爲禪定。外雜相曰禪。内不亂曰定。

84. 外若有相内＊姓不亂。本自淨自定。只緣境觸。觸即亂。
    離相不亂即定。外離相即禪。内外不亂即定。
    外禪内定故名禪定。

85. 維摩經云。即是豁然還得本心。菩薩戒云。本須自＊姓
    清淨。

86. 善知識。見自＊姓自淨。自修自作。自＊姓法身自行。
    佛行自作自成佛道。

제 15 장   삼신불三身佛

87. 善知識 總須自體與受無相戒。一時逐惠能口道。
    令善知識見自三身佛。

88. 於自色身歸衣清淨法身佛。於自色身歸＊衣千百億化身佛
    於自色身歸。＊衣當來圓滿報身佛。已上三唱

89. 色身是舍宅。不可言歸。向者三身在自法性。世人盡有。
    爲名不見。外覓三如來。不見自色身中三性佛。

---

83. ◦ 雜 → 離   84. ◦ 内外 → 内   87. ◦ 體 → 聽
88. ◦ 衣 → 依   89. ◦ 名 → 迷

224

90. 善知識。聽汝善知識説令善知識。＊衣自色身見自法性有
　　三世佛。此三身佛從性上生。

91. 何名清淨身佛。

92. 善知識。世人性本自淨。萬法在自＊姓。思量一切事即
　　行＊衣惡。思量一切善事　便修於善行。知如是一切法　盡在
　　自＊姓。自＊姓常清淨。日月常名。只爲雲覆蓋上＊名下
　　暗。不能了見日月西辰。忽遇惠風吹散卷盡雲霧。萬像參
　　羅。一時皆現。

93. 世人性淨。猶如清天。惠如日。智如月。智惠常名。
　　於外看敬。妄念浮雲蓋覆自＊姓。不能明。故遇善知識
　　開眞法吹却名妄。内外＊名徹。於自＊姓中萬法皆見。
　　一切法自在＊姓。名爲清淨法身。

94. 自歸＊衣者。除不善行。是名歸＊衣。

95. 何名爲千百億化身佛。

---

90. ◦ 衣 → 依　　◦ 三世佛 → 三身佛

91. ◦ 身佛 → 法身佛

92. ◦ 思量一切事即行＊衣惡 → 思量一切惡事即行惡
　　◦ 名 → 明　　◦ 西 → 星

93. ◦ 常名 → 常明　　◦ 看敬 → 著境　　◦ 名 → 迷
　　◦ 名徹 → 明徹

94. ◦ 衣 → 依

96. 不思量性即空寂。思量即是自化。思量惡法化爲地獄。
　　 思量善法化爲天堂。毒害化爲畜生。慈悲化爲菩薩。
　　 智惠化爲上界。愚癡化爲下方。自＊姓變化甚7名。
　　 迷人自不知。見一念善知惠即生。

97. ＿＿＿＿＿＿＿＿

98. 一燈能除千年闇。一智能滅萬年愚。莫思向前常思於後常
　　 後念善名爲報身。一念惡報却千年善心。一念善報却千年惡
　　 滅無常已來後念善名爲報身。從法身思量即是化身。
　　 念念善即是報身。

99. 自悟自修即名歸＊衣也。皮肉是色身是舍宅。不在歸依也
　　 但悟三身。即識大億。

제 16 장　　사홍서원四弘誓願

100. 今既自歸依三身佛。已與善知識發四弘大願。善知識。
　　　 一時逐惠能道。

101. ＿＿＿＿＿＿＿ ＿＿＿＿＿＿＿ ＿＿＿＿＿＿＿　無上佛道誓願成。　三唱。

102. 善知識。衆生無邊誓願度。不是惠能度。

---

96. ◦ 名 → 多
97. ◦ 何名圓滿報身 추가
99. ◦ 億 → 意
101. ◦ 衆生無邊誓願度 煩惱無邊誓願斷 法門無邊誓願學 추가

103. 善知識。心中衆生各於自身自＊姓自度。何名自＊姓
自度。自色身中邪見煩惱愚癡<u>名妄</u>。自有本覺性。將正見
度。既悟正見。般若之智除却愚癡迷妄。衆生各各自度。
邪見正度。迷來悟度。愚來智度。惡來善度。煩惱來菩<u>薩</u>
度。如是度者是名眞度。

104. 煩惱無邊誓願斷。自心除虚妄。

105. 法門無邊誓願學。學無上正法

106. 無上佛道誓願成。常下心行。恭敬一切。

107. 遠離迷執覺知生。般若除却迷妄。即自悟佛道成。
行誓願力。

제 17 장　무상참회無相懺悔

108. 今既發四弘誓願訖。與善知識無相懺悔 <u>三世罪障</u>。

109. 大師言。善知識。前念後念及今念。<u>念不</u>被愚迷染。
從前惡行一時自＊姓若除即是懺悔。

110. 前念後念及今念。念念<u>被</u>愚癡染。除却從前矯誑心<u>承</u>斷
名爲自性懺。前念後念及<u>念念不被</u>疾染。除却從前疾垢
心。自性若除即是懺。已上三唱

103.　。　名妄 → 迷妄　　。　薩 → 提

108.　。　三世罪障 → 滅三世罪障　　109.　。　念不 → 念念不

110.　。　被 → 不被　　。　承 → 永　　。　念念 → 今念念

　　。　疾 → 嫉妬　　。　疾垢 → 嫉妬

227

111. 善知識。何名懺悔_者終身不作。悔者知於前非惡業恒不
離心。諸佛前口説無益 我此法門中。永斷不作名爲懺悔。

제 18 장　　무상삼귀의계無相三歸依戒

112. 今既懺悔已。與善知識受無相三歸依戒。

113. 大師言。善智識。歸＊衣覺兩足尊。歸＊衣正離欲_。
歸＊衣淨衆中尊。從今已後稱佛爲師。更不歸＊衣餘邪名
外道。願自_三寶慈悲燈名

114. 善知識。惠能勸善。善知識。歸＊衣三寶。佛者覺也。
法者正也。僧者淨也。

115. 自心歸依覺。＊邪名不生。少欲知足。離財離色。
名兩足尊

116. 自心歸正念。念無邪故即無愛著。以無愛著名離欲尊。

117. 自心歸淨。一切塵勞妄念雖在自＊姓。自＊姓不染著。
名衆中尊。

118. 凡夫解從日至日受三歸＊衣戒。

119. 若言歸佛。佛在何處。若不見佛。即無所歸。既無所歸
言却是妄。

---

111. ◦ 者 → 懺者

113. ◦ 欲 → 欲尊　 ◦ 邪名 → 邪命　 ◦ 自 → 自性
◦ 燈名 → 證明　 115. ◦ 邪名 → 邪迷

120. 善知識。各自觀察莫錯用意。經中只即言自歸依佛。
不言歸他佛。自＊姓 不歸無所處。

제 19 장　마하반야바라밀법 摩訶般若波羅蜜法

121. 今既自歸＊衣三寶。總各各至心。與善知識説摩訶般若
波羅蜜法。善知識。雖念不解。惠能與説。各各聽。

122. 摩訶般若波羅蜜者。西國梵語。唐言大智惠彼岸到。此法
須行不在口口念不行。如<u>如</u>化修行者。法身與佛等也。

123. 何名摩訶。摩訶者是大。心量廣大猶如虛空。莫定心座
即落無既空。 ＿＿＿＿　 能含日月星辰大地山河一切草木。惡
人善人惡法善法天堂地獄盡在空中。世人性空亦復如是。
性含萬法是大。萬法盡是自＊姓。見一切人及非人惡知與
善。惡法善法盡皆不捨。不可染著。由如虛空。名之爲
大。此是摩訶行。

124. 迷人口念。<u>智者心</u>。又有<u>名</u>人。空心不思。名之爲大。
此亦不是。

125. 心量大不行是少。<u>莫</u>口空説。不修此行。非我弟子。

---

122. 。如 → 幻
123. 。無既空 → 無記空 　。＿＿＿＿ → 世界虛空
124. 。智者心 → 智者心行 　。名 → 迷
125. 。莫 → 若

126. 何名般若。般若是智惠。一時中念念不愚。常行智惠即名
般若。行一念愚即般若絶。一念智即般若生。心中常愚。
我修般若無形相。智惠性即是。

127. 何名波羅蜜。此是西國梵音。言彼岸到。解義離生滅著
竟生滅去。如水有波浪。即是於此岸。離境無生滅。
如水承長流。故即名到彼岸。故名波羅蜜。

128. 迷人口念。智者心行。當念時有妄。有妄即非眞有。
念念若行是名眞有。悟此法者。悟般若法。修般若行。
不修即凡。一念修行法身等佛

129. 善知識。即煩惱是菩提。捉前念迷即凡。後念悟即佛。

130. 善知識。摩訶般若波羅蜜。最尊最上第一。無住無去
無來。三世諸佛從中出。將大知惠到彼岸。打破五陰煩惱
塵勞。最尊最上第一讚最上。最上乘法修行定成佛。
無去無住無來往。是定惠等不染一切法。三世諸佛從_中。
變三毒爲戒定惠。

131. 善知識我此法門從八萬四千智惠。何以故。爲世有八萬四
千塵勞。若無塵勞。般若常在不離自 * 姓。悟此法者。即
是無念無億無著。莫去誰妄。即自是眞如 * 姓用。知惠觀
照。於一切法不取不捨。即見 * 姓成佛道。

---

126. 。一時 → 一切時　127. 。竟 → 境　　。去 → 起
130. 。知 → 智　　。從中 → 從出中
131. 。莫 → 若

제 20 장　근기根機

132. 善知識。若欲入甚深法界入般若三昧者。直修般若波羅蜜
　　　行。但持金剛般若波羅蜜　經一卷。即得見性。入般若三
　　　昧。當知此人功德無量。經中分<u>名</u>讚嘆不能具説。

133. 此是最上乘法。爲大智上根人説。少根智人若聞法。
　　　心不生信。何以故。譬如大龍。若下大雨。雨<u>衣</u>閻浮提　如
　　　漂草葉。若下大雨。雨放大海不增不減。

134. 若大乘者聞説金剛經。心開悟解。故知本性自有般若
　　　之智。自用知惠觀照。不假文字。譬如其雨水不從無有。
　　　元是龍王於江海中將身引此水。令一切衆生一切草木一切
　　　有情無情悉皆<u>像</u>潤。諸水衆流却入大海。海納衆水合爲一
　　　體。

135. 衆生本性般若之智亦復如是。少根之人聞説此頓教。
　　　猶如大地草木。根性自少者。若被大雨一沃。悉皆自到不
　　　能增長。少根之人亦復如是。

136. 有般若之智之與大智之人亦無差別。因何聞法即不悟。
　　　縁邪見障重煩惱根深。猶如大雲蓋覆於日。不得風吹日無
　　　能現。

137. 般若之智亦無大小。爲一切衆生自有。迷心外修覓佛。
　　　<u>來</u>悟自性。即是小根人

---

132. 。 名 → 明　133. 。 衣 → 於
134. 。 像 → 蒙　137. 。 來 → 未

138. 聞其頓教不信外修。但於自心令自本性常起正見。 煩惱
　　 塵勞衆生當時盡悟。猶如大海納於衆流。小水大水合爲一
　　 體。 即是見性。内外不住來去自由。能除執心通達無礙。
　　 心修此行。 即與般若波羅蜜經本無差別。

제 21 장　　마음을 열어 깨달음

139. 一切經書及文字。小大二乘十二部經。皆因_置。因智惠
　　 性故。故然能建立我。若無智人。一切萬法本無不有。
　　 故知萬法本從人興。一切經書因人説有。

140. 縁在人中有愚有智。愚爲少故智爲大人。

141. 問迷人於智者。智人與愚人説法。令使愚者悟解深開。
　　 迷人若悟心開。與大智人無別。故知不悟即是佛是衆生。
　　 一念若悟即衆生不是佛。

142. 故知一切萬法盡在自身心中。何不從於自心頓現眞如
　　 本＊姓。

143. 菩薩戒經云。我本願自＊姓清淨。識心見性。自成佛道。
　　 ＿＿＿＿ 即時豁然。還得本心。

---

138. 。 不信 → 信不
139. 。 置 → 人置　 。 若無智人 → 若無人
　　 。 本無不有 → 本不有
141. 。 深 → 心　　143. 。 淨名經云 추가

232

제 22 장   선지식善知識

144. 善知識。我於忍和尚處一聞言下大伍。頓見眞如本性。
是故汝教法流行後代。今學道者頓悟菩提。各自觀心。
令自本性頓悟。

145. 若_能自悟者頓覓大 善知識亦道見性。何名大善知_。
解最上乘法直是正路。是大善知識。是大因緣。
所爲化道令得見佛。一切善法皆因大善知識能發起故。

146. 三世諸佛十二部經。云在人性中。本自具有。不能自*姓
悟。須得善知識示道見性。

147. 若自悟者不假外善知識。若取外求善知識望得解説。
無有是處。識自心内善知識即得解。若自心邪迷妄念顚
倒。外善知識即有教授。＿＿＿＿

148. 汝若不得自悟。當起般若觀照。刹那間妄念俱滅。
即是自眞正。善知識。一悟即知佛也。

---

144. 。伍 → 悟   。悟 → 悟
145. 。若能 → 若不能   。亦 → 示   。知 → 知識
147. 。説 → 脱   。＿＿＿＿ → 求不可得

233

제 23 장　무념행無念行

149. 自性心地。以智惠觀照。内外名徹識自本心。若識本心即是解脱。既得解脱即是般若三昧。悟般若三昧即是無念。

150. 何名無念。無念法者。見一切法不著一切法。遍一切處不著 一切處。常淨自性。使六賊從六門走出。於六塵中不離不染。來去自由。即是般若三昧自在解脱名無念行。

151. 莫百物不思。當令念絶。即是法傳。即名邊見。
悟無念法者。萬法盡通。悟無念法者。見諸佛境界。
悟無念頓法者至佛位地。

제 24 장　돈교법문의 수지 및 전수

152. 善知識。後代得悟法者。常見吾法身不離汝左右。

153. 善知識。將此頓教法門。同見同行。發願受持。如是佛故終身受持而不退者。欲入聖位。然須縛受時。從上已來默然而付於法。發大誓願。不退菩提。即須分付。

154. 若不同見解。無有志願。在在處處勿妄宣傳。損彼前人。究竟無益。若遇人不解謾此法門。百劫萬劫千生斷佛種性。

---

149. 。 名 → 明　　151. 。 莫 → 若　　。 傳 → 縛
153. 。 縛 → 傳

234

제 25 장　멸죄송滅罪頌

155. 大師言善知識。聽 * 悟説無相訟。令汝名者罪滅。
　　　亦名滅罪頌。頌曰

156. 愚人修福不修道　謂言修福而是
　　　布施供養福無邊　心中三業元來在

157. 若將修福欲滅罪　後世得福罪無造
　　　若解向心除罪縁　各自世中眞懺悔

158. 若悟大乘眞懺海　除邪行正造無罪
　　　學道之人能自觀　即與悟人同一例
　　　大師令傳此頓教　願學之人同一體

159. 若欲當來覓本身　三毒惡縁心中洗
　　　努力修道莫悠悠　忽然虚度一世休
　　　若遇大乘頓教法　虔誠合掌志心求

160. 大師説法了。韋使君官寮僧衆道俗讚言無盡。昔所未聞。

제 26 장　공덕功德

161. 使君禮拜自言。和尚説法實不思議。
　　　弟子當有少疑欲聞。和尚望意。和尚大慈大悲爲弟子説。

---

155. 。悟 → 吾　　。訟 → 頌　　。名 → 迷
156. 。是 → 是道　158. 。海 → 悔*

235

162. 大師言。有議即聞。何須再三。

163. 使君聞_法可不不是西國第一祖達磨祖師宗旨。

164. 大師言是。

165. 弟子見説。達磨大師代梁武。諦問達磨。朕一生未來
     造寺布施供養有有功德否。達磨答言。並無功德。武帝惆
     悵遂遣。達磨出境。未審此言。請和尚説。

166. 六祖言。實無功德。使君朕勿疑達磨大師言。
     武帝著邪道不識正法。

167. 使君問。何以無功德。

168. 和尚言。造寺布施供養只是修福。不可將福以爲功德。
     __在法身非在於福田。自法性有功德。____平直是德。__
     佛性外行恭敬。

169. 若輕一切人悟我不斷。即自無功德。自性虛妄法身無功
     德。念念德行平等眞心。德即不輕常行於敬。

170. 自修身即功。自修身心即德。功德自心作。福與功德別。
     武帝不識正理。非祖大師有過。

---

161. 。聞 → 問　163. 。聞 → 問　。不不 → 不
165. 。代 → 化　。諦 → 帝　。未 → 已　。有有 → 有
166. 。朕 → 삭제
168. 。在法 → 功德在法　。平直是德 → 見性是功平直是德
     。佛性 → 內見佛性
169. 。悟 → 吾

236

제 27 장　서방정토西方淨土

171. 使君禮拜又問。弟子見僧道俗。常念阿彌大佛。
　　 願往生西方。請和尚説。德生彼否。望爲破疑。

172. 大師言。使君聽。惠能與説。世尊在舍衛國。
　　 説西方引化。經文分明。去此不遠。只爲下根。
　　 説近説遠。只緣上智。

173. 人自兩重。法無不名。_悟有殊見有遲疾。迷人念佛生彼。
　　 悟者自淨其心。所以言佛隨其心淨則佛土淨。

174. 使君。東方但淨心無罪。西方心不淨有愆。迷人願生東方
　　 西者所在處並皆一種。心但無不淨。西方去此不遠。

175. 心起不淨之心。念佛往生難到。除_惡即行十萬。
　　 無八邪即過八千。但行眞心到如禪指

176. 使君但行十善。何須更願往生。不斷十惡之心。
　　 何佛即來迎請。若悟無生頓法。見西方只在剎那。
　　 不悟頓教大乘。念佛往生路遙。如何得達。

177. 六祖言。惠能與使君移西方剎那。
　　 問曰。前便見。使君願見否。

178. 使君禮拜。若此得見何須往生。
　　 願和尚慈悲爲現西方大善。

---

171. ◦ 大 → 陀
173. ◦ 重 → 種　　◦ 不名 → 兩般　　◦ 悟有殊 → 迷悟有殊
175. ◦ 除惡 → 除十惡　　◦ 眞心 → 直心

179. 大師言。唐見西方無疑即散。大眾愕然莫知何是。

180. 大師曰。大眾。大眾作意聽。世人自色身是城。
眼耳鼻舌身即是城門。外有六門。内有意門。心即是地。
性即是王。性在王在性去王無。性在身心存。性去身_壞。

181. 佛是自性作。莫向身求。自性迷佛即眾生。自性悟眾生即
是佛。慈悲即是觀音。喜捨名爲勢至。能淨是釋迦。
平眞是彌勒。

182. 人我是須彌。邪心是大海。煩惱是波浪。毒心是惡龍。
塵勞是魚鱉。虛妄即是神鬼。三毒即是地獄。
愚癡即是畜生。十善是天堂。

183. 我無人須彌自倒。除邪心海水竭。煩惱無波浪滅。
毒害除魚龍絶。自心地上。覺性如來。施大智惠。
光明照曜。六門清淨。照波六欲。諸天下照。
三毒若除。地獄一時消滅。内外明徹。不異西方。
不作此修。如何到彼

184. 座下。問説讚聲徹天。應是迷人人然便見。使君禮拜
讚言。善哉善哉。普願法界眾生聞者一時悟解。

---

179. 。 無疑卽散 → 疑卽散

180. 。 身壞 → 身心壞　　181. 。 身求 → 身外求

183. 。 我無人 → 無人我　　。波 → 破

238

제 28 장 재가在家 수행법

185. 大師言。善知識。若欲修行。在家亦得。不由在寺。
在寺不修。如西方心惡之人。在家若修行。如東方人修
善。但願自家修清淨即是惡方。

186. 使君問和 在家如何修。願爲指授。

187. 大師言。善智識。惠能與道俗作無相頌。盡誦取。
＊衣此修行。常與惠能説一處無別。頌曰

188. 説通及心通 如日至虛空 惟傳頓教法 出世破邪宗

189. 教即無頓漸 迷悟有遲疾 若學頓教法 愚人不可迷

190. 説即須萬般 合離還歸一　煩惱暗宅中 常須生惠日

191. 邪來因煩惱 正來煩惱除 邪正疾不用 清淨至無餘

192. 菩提本清淨 起心即是妄 淨性於妄中 但正除三障

193. 世間若修道 一切盡不妨 常現在已過 與道即相當

194. 色貌自有道 離道別覓道 覓道不見道 到頭還自懊

195. 若欲貪覓道 行正即是道　自若無正心 暗行不見道

196. 若眞修道人 不見世間愚 若見世間非 自非却是左

197. 他非我有罪 我非自有罪 但自去非心 打破煩惱碎

198. 若欲化愚人 是須有方便 勿令破彼疑 即是菩提見

---

184. 。 問 → 聞　 。 人然 → 了
185. 。 惡 → 西　 186. 。 和 → 和尚　 187. 。 衣 → 依

199. 法無在世間 於世出世間 勿離世間上 外求出世間
　　　邪見出世間 正見出世間 邪正悉打却

200. 此但是頓教 亦名爲大乘 迷來經累劫 悟則刹那間

201. 大師言。善智識。汝等盡誦取此偈。依偈修行。
　　　去惠能千里。常在能邊。此不修對面千里。

202. 各各自修法不相持。衆人旦散。惠能歸漕溪山。
　　　衆生若有大疑。來彼山間。爲汝破疑。同見佛世

203. 合座官寮道俗禮拜和尚。無不嗟嘆。善哉大悟。
　　　昔所未問。嶺南有福。生佛在此。誰能得智。一時盡散。

제 29 장　　단경의 품승稟承

204. 大師往漕溪山。韶廣二州行化四十餘年。若論門人。
　　　僧之與俗三五千人說 不盡。若論宗指。傳授壇經。以此爲
　　　衣約。若不得壇經。即無稟受。

205. 須知法處年月日性名遍相付囑。無壇經稟承。
　　　非南宗定子也。未得稟承者。雖說頓教法。未知根本。
　　　修不免諍。但得法者。只勸修行。諍是勝負之心。與道違
　　　背

---

199. ○ 無 → 元　　○ 邪見出世間 → 邪見是世間
202. ○ 持 → 待　　203. ○ 問 → 聞
204. ○ 指 → 旨　　○ 衣 → 依　　205. ○ 定 → 弟　　○ 修 → 終

제 30 장　돈頓·점漸

206. 世人盡傳南宗能比秀。未知根本事由。旦秀禪師於南荊
　　府堂陽縣玉泉寺住時修行。惠能大師於韶州城東三十五里
　　漕溪山住。法即一宗。人有南 * 比。因此便立南北。

207. 何以漸頓。

208. 法即一種。見有遲疾。見遲即漸。見疾即頓。法無漸頓。
　　人有利鈍。故名漸頓。

209. 神秀師常見人説。惠能法疾直旨_路。秀師遂換門人僧志
　　誠曰。

210. 汝聰明多智。汝與吾至漕溪山。到惠能所禮拜。但聽莫言
　　吾使汝來。所聽意旨記取。却來與吾説看惠能見解與吾誰
　　疾

　　遲。汝弟一早來勿令吾怪。

211. 志誠奉使歡喜。遂半月中間即至漕溪山。見惠能和尚
　　禮拜。即聽不言來處。志城聞法。言下便悟。即契本心。
　　起立即禮拜自言。

212. 和尚。弟子從玉泉寺來。秀師處不德契悟。聞和尚説。
　　便契本心。和尚慈悲願 當散示。

---

206. ◦ 比 → 北 *　 ◦ 時 → 持
209. ◦ 旨路 → 指見路　 ◦ 換 → 喚
212. ◦ 德 → 得　 ◦ 散 → 教

213. 惠能大師曰。汝從被來應是紬作。

214. 志誠曰。未説時即是。説乃了即是。

215. 六祖言。煩惱即是菩提亦復如是。

216. 大師謂志誠曰。吾聞。與禪師教人唯傳戒定惠。與和尚教
人戒定惠如何。當爲吾説。

217. 志城曰。秀和尚言戒定惠 諸惡不作名爲戒。諸善奉行名爲
惠。自淨其意名爲定。此即名爲戒定惠。彼作如是説。不
知和尚所見如何。

제 31 장　계戒·정定·혜慧

218. 惠能和尚答曰。此説不可思議。惠能所見又別。

219. 志城問何以別。

220. 惠能答曰。見有遲疾。志城請和尚説所見戒定惠。

221. 大師言。如汝聽悟説看 * 悟所見處。心地無疑非自性戒
心地無亂是自性定。心地無癡自性是惠。

222. 能大師言。汝_戒定惠勸小根諸人。吾戒定惠勸上人。
得吾自_亦不立戒定惠。

---

213. ○ 被 → 彼　 ○ 紬 → 細
216. ○ 與 → 汝
221. ○ 悟 → 吾 *
222. ○ 汝 → 汝師　 ○ 吾 → 悟　 ○ 自 → 自性

223. 志城言。請大師説不立如何。

224. 大師言。自＊姓無非無亂無癡。念念般若觀照。
當離法相。有何可立。＊自姓頓修。<u>立有漸此契以</u>不立。

225. 志誠禮拜。便不離漕溪山。即爲門人。不離大師左右

226. 又有一僧。名法達。常誦法華經七年。
心迷不知正法之處。

227. 經上有疑。大師智惠廣大。願爲<u>時</u>疑。

제 32 장   법달法達과의 문답 (법화경의 일승법)

228. 大師言。法達。法即甚達。汝心不達。經上無癡。
汝心自邪。而求正法。吾心正定。即是持經。吾一生已來
不識文字。汝將法 華經來對。吾讀一遍。吾<u>問</u>即之。

229. 法達取經到對。大師讀一遍。六祖<u>問</u>已即識佛意。
便汝法達説法華經。

230. 六祖言。法達。法華經無多語。七卷盡是譬喩<u>内</u>縁。
如來廣説三乘。只爲世人根鈍。經<u>聞</u>公明。無有餘乘。唯
一佛乘。

---

224. ◦ 立有漸此契以 → 無有漸次所以

227. ◦ 時 → 除

228. ◦ 癡 → 疑   ◦ 問 → 聞

229. ◦ 問 → 聞   230. ◦ 内 → 因   ◦ 聞 → 文

231. <u>大師</u>。法達。汝聽。一佛乘莫求二佛乘迷却。汝<u>聖</u>經中
     何處是一佛乘。汝與説。經云。諸佛世尊唯汝一大事因縁
     故出現於世 已上十六家是正法

232. 法如何解。此法如何修。汝聽吾説。人心不思。本源空寂
     離却邪見。即一大是因縁。内外不迷。即離兩邊。外迷看
     相。内迷著空。於相離相。於空離空。即是不空。迷吾此
     法。一念心開。出現於世。

233. 心開何物。開佛知見。佛猶如覺也。分爲四門。
     開覺知見。示覺知見。悟覺知見。入覺知見。開示悟入<u>上</u>
     一處入即覺知見。見自本性即得出世。

234. 大師言。法達。<u>悟</u>常願。一切世人心地。常自開佛知見。
     莫開衆生知見。

235. 世人心愚迷造惡。自開衆生知見。世人心正起智惠觀照。
     自開佛智見。莫開衆生智見。開佛智見即出世。

236. 大師言。法達。此是法<u>達</u>經一乘法。向下分三。
     爲<u>名</u>人故。汝但於一佛乘。

237. 大師言。法達。心行轉法華。不行法華轉。心正轉法華。
     心<u>耶</u>法華轉。開佛智見轉法華。開衆生智見被法華轉。
     大師言。努力依法修行。即是轉經。

---

231. 。大師 → 大師言　。聖 → 性
232. 。即是不空。迷吾此法 → 即是內外不迷 若悟此法
233. 。上 → 從　234. 。悟 → 吾
236. 。達 → 華　。名 → 迷　237. 。耶 → 邪

244

238. 法達一聞言下大悟。涕淚悲泣自言。
　　 和尚實未僧轉法華七年。被法華轉。已後轉法華。
　　 念念修行佛行。
239. 大師言。即佛行是佛其時聽入無不悟者。
240. 時有一僧。名智常。來漕溪山。禮拜和尚。聞四乘法義。
241. 智常 * 聞和尚曰。佛説三乘。又言最上乘。弟子不解。
　　 望爲敬示。

제 33 장　지상智常과의 문답 (사승법四乘法)

242. 惠能大師曰。汝自身心見。莫著外法相。元無四乘法。
　　 人心不量四等法有四乘。見聞讀誦是小乘。悟解義是中
　　 乘。衣法修行是大乘。
243. 萬法盡通。萬幸俱備。一切無離。但離法相。
　　 作無所德是最上乘。　　乘是最上行。義不在口諍。汝須自
　　 修。莫問 * 悟也。

제 34 장　신회神會와의 문답

244. 又有一僧。名神會。南陽人也。至漕溪山禮拜。問言。

---

241. ∘ 聞 → 聞　 ∘ 敬 → 教
242. ∘ 衣 → 依
243. ∘ 幸 → 行　 ∘ 德 → 得　 ∘ 乘是 → 最上乘 是

和尚座禪見亦不見。

245. 大師起把打神會三下。却問神會。吾打汝痛不痛。

246. 神會答言。亦痛亦不痛。

247. 六祖言曰。吾亦見亦不見。

248. 神會又問。大師何以亦見亦不見。

249. 大師言。吾亦見常見自過患故。云亦見亦不見者。
     不見天地人過罪。所以亦見亦不也。汝亦痛亦不痛如何。

250. 神會答曰。若不痛即同無情木石。若痛即同凡 即起於恨。

251. 大師言。神會向前見不見是兩邊。痛是生滅。
     汝自性旦不見。敢來弄人 禮拜。禮拜 更不言。

252. 大師言。汝心迷不見。問善知識覓路。以心悟自見。
     依法修行。汝自名不見自心。却來問惠能見否。
     吾不自知。代汝迷不得。汝若自見。代得吾迷。
     何不自修。問吾見否。

253. 神會作禮。便爲門人。不離漕溪山中。常在左右。

254. 大師遂喚門人法海·志誠·法達·智常·志通·志徹·志道·
     法珍·法如·神會。

255. 大師言。汝等拾弟子近前。汝等不同餘人。吾滅度後。
     汝各爲一方頭。吾教汝說法不失本宗。

---

251. 。 旦 → 且   。 禮拜 → 神會禮拜
252. 。 名 → 迷

제 35 장   삼과三科의 법문

256. 擧科法門動三十六對。出沒即離兩邊。

說一切法莫離於性相。若有人問法。出語盡雙。

皆取法對來去相因。究竟二法盡除。更無去處。

257. 三科法門者蘊界入。蘊是五蘊。界十八界。是十二入。

何名五蘊。色蘊受蘊相蘊行蘊識蘊是。

何名十八界 六塵六門六識。

何名十二入 外六塵中六門。

何名六塵 色聲香未獨法是。

何名六門 眼耳鼻舌身意是。

258. 法性起六識。眼識耳識鼻識舌識身識意識。六門六塵。

自性含萬法。名爲含藏識。思量即轉識。生六識出六門

六塵是。三六十八。

259. 由自性邪起十八邪含。自性十八正含。惡用即衆生。

善用即佛。用油何等。＊油自性。對

260. 外境無情對有五。天與地對。日與月對。暗與明對。

陰與陽對。水與火對

---

256. ◦ 科 → 三科   ◦ 動 → 動用   ◦ 法對 → 對法

257. ◦ 蘊 → 陰

◦ 界十八界。是十二入 → 界是十八界 入是十二入

◦ 未獨 → 味觸

258. ◦ 六塵 → 見六塵   ◦ 含 → 若

◦ 十八正含 → 正起十八正合   ◦ 油 → 由

261. <u>語與言對法與相對有十二對。</u> <u>有爲無爲。</u> 有色無色對。
　　　有相無相對。 有漏無漏對。 色與空對。 動與淨對。
　　　清與濁對。 凡與性對。 僧與俗對。 老與少對。
　　　<u>大大與少少對。</u> 長與短對。 高與下對。

제 36 장　대법對法

262. 自性居起用對有十九對。 邪與正對。 癡與惠對。
　　　愚與智對。 亂與定對。 戒與非對。 直與<u>典</u>對。 實與虛對。
　　　嶮與平對。 煩惱與菩提對。 慈與空對。 喜與<u>順</u>對。
　　　捨與慳對。 進與退對。 生與滅對。 常與無常對。 法身與色
　　　身對。 化身與報身對。 體與用對。 性與相有清無親對。

263. 言語與法相有十二對。 <u>内外境有無五對。</u> <u>三身有三對。</u>
　　　都合成三十六對法也。

264. 此三十六對法。 解用通一切經。 出入即離兩邊。

265. 如何自性起用三十六對。 共人言語。 出外於<u>離相</u>。
　　　入內於空離空。 著空即惟長無<u>名</u>。 <u>著相惟邪見</u>

---

261. ◦ 大大與少少 → 삭제　　◦ 語與言 → 語言與
　　　◦ 有爲無爲 → 有爲無爲對

262. ◦ 典 → 曲　　◦ 順 → 瞋

263. ◦ 内外境有無五對 → 外境無情有五對
　　　◦ 三身有三對 → 自性居起用 有十九對

265. ◦ 於離相→於相離相　　◦ 名 → 明 *
　　　◦ 著相惟邪見 → 著相卽惟長邪見

248

266. 謗法。直言不用文字。既云不用文字。

　　大不合言語言語即是文字。自性上説空。

　　正語言本性不空迷自惑。語言除故。

267. 暗不自暗。以＊名故暗。暗不自暗。以＊名變暗。

　　以暗現明。來去相因。三十六對亦復如是。

268. 大師言。十弟子。已後傳法迎相教授一卷檀經。

　　不失本宗。不稟授壇經。非我宗旨。如今得了。

　　迎代流行。得遇壇經者。如見吾親授。

269. 拾僧得教授已。寫爲檀經。迎代流行。得者必當見性。

제 37 장　　단경의 부촉^{咐囑}

270. 大師先天二年八月三日滅度。七月八日喚門人告別。

　　大師天無年於州國恩寺造塔。至先天二年七月告別。

271. 大師言。汝衆近前。<u>五</u>至八月欲離世間。汝等有疑早問。

　　爲<u>外</u>破疑。當令迷者盡使<u>與安樂</u>。吾若去後無人<u>教與</u>。

---

266. ◦　大 → 人　　◦　迷自 → 自迷

267. ◦　名 → 明

270. ◦　天無年 → 先天元年　　◦　州 → 新州

271. ◦　五 → 吾　　◦　外 → 汝　　◦　與安樂 → 汝安樂

　　◦　教與 → 教汝

249

제 38 장　　진가동정게_{眞假動靜偈}

272. 法海等衆僧聞 已涕淚悲泣。 唯有神會。 不動亦不悲泣。

273. 六祖言。 神會小僧却得善等毀譽不動。 <u>除</u>者不得。

　　　數年山中更修何道。 汝今悲泣。 更有阿誰。

　　　憂吾不知去處在。 若不知去處。 終不別汝。

　　　汝等悲泣即不知吾處。 若知去處即不悲泣。

274. 性聽無生無滅無去無來。 汝等盡座。 吾與<u>如</u>一偈眞假動淨

　　　偈。 <u>與</u>等盡誦。 取見此偈意<u>汝吾同</u>。 於此修行不失宗旨。

275. 僧衆禮拜。 請大師留偈。 敬心受持偈曰

276. 一切無有眞　不以見於眞

　　　若見<u>衣</u>眞者　是見盡非眞

　　　若能自有眞　離假即心眞

　　　自心不離假　無眞何處眞

277. 有性即解動　無性即不動

　　　若修不動行　同無情不動

　　　若見眞不動　動上有不動

　　　不動是不動　無情無佛衆

　　　能善分別相　第一義不動

　　　若悟作此見　則是眞如用

---

273. ∘ 除 → 餘

274. ∘ 汝吾同 → 汝與吾意同　　∘ 如 → 汝　　∘ 與 → 汝

276. ∘ 衣 → 依

277. ∘ 性 → 情　　∘ 佛衆 → 佛種　　∘ 相 → 性

278. 報諸學道者 努力須用意
　　　莫於大乘門 却執生死智
　　　前頭人相應 即共論佛語
　　　若實不相應 合掌令勸善
　　　此教本無諍 無諍失道意
　　　執迷諍法門 自性入生死

279. 衆僧既聞識大師意。更不敢諍。依法修行。一時禮拜。
　　　即之大師不求住世。

280. 上座法海向前言。大師。大師去後。衣法當付何人。

제 39 장　　게송을 전함傳偈

281. 大師言。法即付了。汝不須問。吾滅後二十餘年。
　　　邪法遼亂。惑我宗旨。有人出來。不惜身命。
　　　弟佛教是非。竪立宗旨。即是吾正法。衣不合轉。

282. 汝不信。吾與誦先代五祖傳衣付法誦。
　　　若據第一祖達摩頌意。即不合傳衣。聽五與汝頌。頌曰

---

278. 。 無諍 → 若諍
279. 。 即之大師不求 → 卽知大師不永
281. 。 弟 → 定　　。轉 → 傳
282. 。 法誦 → 法頌　　。 五 → 吾＊　　。 汝頌 → 汝誦

251

283. 第一祖達摩和尚頌曰

　　吾大來唐國　傳教救名清
　　一花開五葉　結果自然成

284. 第二祖惠可和尚頌曰

　　本來緣有地　從地種花生
　　當本願無地　花從何處生

285. 第三祖僧璨和尚頌曰

　　花種雖因地　地上種化生
　　花種無性生　於地亦無生

286. 第四祖道信和尚頌曰

　　花種有生性　因地種花生
　　先緣不和合　一切盡無生

287. 第五祖弘忍和尚頌曰

　　有情來下種　無情花即生
　　無情又無種　心地亦無生

288. 第六祖惠能和尚頌曰

　　心地含情種　法雨即花生
　　自吾花情種　菩提果自成

---

283. 。　名清　→　迷情
284. 。　當本願　→　當本來
285. 。　雖　→　須　　。　化　→　花
288. 。　吾　→　悟

289. 能大師言。汝等聽。吾作二頌。取達摩和尚頌意。
　　汝迷人依此頌修行。必當見性。

290. 第一頌曰
　　心地邪花放　五葉逐根隨
　　共造無明葉　見被葉風吹

291. 第二頌曰
　　心地正花放　五葉逐恨隨
　　共修般若惠　當來佛菩提

292. 六祖説偈已了。放衆生散。門人出外思惟。
　　即知大師不久住世。

293. 六祖後至八月三日食後。大師言。汝等善位座。
　　＊五今共與等別。

294. 法海聞言。此頓教法傳受。從上已來至今幾代。

제 40 장　　돈교법의 전승傳承

295. 六祖言。初傳受七佛釋迦牟尼佛。第七大　迦葉第八
　　阿難第九　末田地第十　商那和修第十一　優婆毱多第十二
　　提多迦第十三　佛陀難提第十四　佛陀密多第十五　脇比丘
　　第十六　富那奢第十七　馬鳴第十八　毘羅長者第十九　龍樹

---

293. 。五 → 吾　。與 → 汝
294. 。聞 → 問

第二十　迦那提婆第二十一　羅睺羅第二十二　僧迦那提第
二十三　僧迦那舍第二十四　鳩摩羅馱第二十五　闍耶多第
二十六　婆修盤多第二十七　摩拏羅第二十八　鶴勒那第二
十九　師子比丘第三十舍　那婆斯第三十一　優婆堀第三十
二　僧迦羅第三十三　須婆蜜多第三十四　南天竹國王子第
三子　菩提達摩第三十五　唐國僧惠可第三十六　僧璨第三
十七　道信第三十八　弘忍第三十九　惠能自身當今受法第
十四。

296. 大師言。今日已後。迎相傳受。須有依約。莫失宗旨。

297. 法海又白。大師今去留付何法。今後代人如何見佛。

298. 六祖言。汝聽。後代迷人。但識衆生即能見佛。
若不識衆生覓佛。萬劫不得見也。＊五今教汝。識衆生見
佛。更留見眞佛解脫頌。迷即不見佛。悟者即見。

제 41 장　　견진불해탈송見眞佛解脫頌

299. 法海願聞代代流傳。世世不絶。

300. 六祖言。汝聽。吾汝與説。後代世人。若欲覓佛。
但識佛心衆生即能識佛即像有衆。離衆生無佛心

295.。 竹 → 竺
298.。 五 → 吾

254

301. 迷即佛衆生 悟即衆生佛

　　愚癡佛衆生 智惠衆生佛

　　心劍佛衆生 平等衆生佛

　　一生心若劍 佛在衆生中

　　一念吾若平 即衆生自佛

　　我心自有佛 自佛是眞佛

　　自若無佛心 向何處求佛

302. 大師言。汝等門人好住。吾留一頌。名自性眞佛解脱頌。

　　後代迷門此頌意。意即見自心自性眞佛。焉汝此頌。

　　吾共汝別。頌曰

303. 眞如淨性是眞佛 邪見三毒是眞摩

　　邪見之人 * 摩在舍 正見知人佛則過

　　性衆邪見三毒生 即是 * 摩王來住舍

제 42 장　　자성진불해탈송自性眞佛解脱頌

304. 正見忽則三毒生　 * 摩變成佛眞無假

　　化身報身及淨身　 三身無本是一身

　　若向身中覓自見　 即是_佛菩提因

---

301. ◦ 一念吾若平 → 一念悟若平 　◦ 劍 → 嶮

302. ◦ 門 → 人識

303. ◦ 摩 → 魔* 　 　◦ 知 → 之

304. ◦ 則三毒生 → 除三毒心 　◦ 摩 → 魔

　　◦ 即是佛 → 即是成佛

305. 本從花身生淨性　淨性常在花身中
　　　性使花身行正道　當來員漏最眞無

306. 媱性本身清淨因　除即媱無淨性身
　　　性中但自離吾欲　見性刹那即是眞

307. 今生若吾頓教門　悟即眼前見性尊
　　　若欲修行云覓佛　不知何處欲求眞

308. 若能身中自有眞　有眞即是成佛因
　　　自不求眞外覓佛　去覓總是大癡人

309. 頓教法者是西流　求度世人須自修
　　　今保世間學道者　不於此是大悠悠

310. 大師説偈已了。遂告門人曰。汝等好住。今共汝別。
　　　吾去已後。莫作世情悲泣。而受人予門錢帛著孝衣。
　　　即非聖法。非我弟子。如吾在日一種。

311. 一時端坐。但無動無淨無生無滅無去無來無是無非無住
　　　但然寂淨即是大道。吾去已後。但衣法修行。
　　　共吾在日一種。吾若在世。汝違教法。吾住無益。

---

305. 。　當來員漏最眞無 → 當來圓滿眞無窮

306. 。　媱 → 婬　。　吾 → 五

307. 。　吾 → 悟　。　性尊 → 世尊

311. 。　淨 → 靜

256

제 43 장　멸 도滅度

312. 大師云此語已。夜至三更。奄然遷花。大師春秋七十
有六。大師滅度。諸日寺内異香氳氳。經數日不散。
山用地動。林木變白。日月無光。風雲失色。

313. 八月三日滅度。至十一月。迎和尚神座於漕溪山。葬在
龍龕之内。白光出現直上衝天旨始散。韶州刺使韋處立
碑。至今供養。

314. 此壇經。法海上座集。上座無常。付同學道漈道漈
無常。付門人悟眞。悟眞在嶺南溪漕山法興寺。見今傳受
此法。

315. 如付山法須德座上恨知心信佛法。立大悲持此經。
以爲衣承。於今不絶。

제 44 장　후 기後記

316. 和尚 本是韶州曲江懸人也。如來入涅盤。法教流東土。
共傳無住即我心無住。此眞菩薩。説眞示行。實喻唯教大
智人。是旨衣凡度

---

312. ◦ 用 → 崩
313. ◦ 使 → 史　　◦ 處 → 璩
314. ◦ 見 → 現
315. ◦ 山 → 此　　◦ 德座 → 得　　◦ 恨 → 根　　◦ 衣 → 稟
316. ◦ 衣 → 於

317. 誓修行。修行遭難不退。遇苦能忍。福德深厚。
方授此法。如根性不堪林量不得須求此法。違立不 德者不
得妄付壇經。告諸同道者今諸蜜意

南宗頓教最上大乘壇經法一卷

大乘志三十　大聖志四十　大通志五十　大寶志六十　大法志七十
大德志八十　清之藏志三十　清持藏志四十　清寶藏志五十　清蓮
藏志六十　清海藏志七十　大法藏志八十　此是菩薩法號

대해大海 스님

現 대한불교 조계종 국제선원 선원장
現 사단법인 '영화로 세상을 아름답게' 이사장
現 UNICA(세계영화인연맹) 한국본부 회장
現 아름답고 푸른 지구를 위한 교육연구소 이사장

저　서 : 생명의 연출, 수승한 사람이 되는 순서도,
　　　　완전한 삶을 사는 길(근간), 창조론과 진화론(근간),
　　　　장애인교육원론(근간)

역　서 : 대방광불 화엄경(60권), 금강반야바라밀경, 금강경 혜능 해의,
　　　　육조단경, 능엄경(10권), 원각경, 대승기신론, 중론,
　　　　증도가·신심명, 서장 外다수

주요작품 : 천상천하 슈퍼갑(2015), 시비자가 시비자다(2015)
(영　　화)　대방광불화엄경(2014), 황금조씨(2014), 인과해탈(2014),
　　　　　대방광불 논리회로(2013), 부동심(2013),
　　　　　소크라테스의 유언(2012), 아기도 아는걸(2012),
　　　　　이해가 되어야 살이 빠진다(2011), 무엇이 진짜 나인가(2010),
　　　　　맹인모상(2009), 본질의 시나리오(2008),
　　　　　색즉시공 공즉시색(2007) 外 80여편

수상경력 :
2012. 11. 제18회 리히텐슈타인 Videograndprix영화제에서
         〈소크라테스의 유언〉으로 大賞인 Goldener Spaten상
         수상 등 각국 영화제에서 40여회 수상
2013. 9. UNESCO 산하 UNICA(세계영화인연맹) 공로상 수상

주소 : 서울시 강남구 도곡 2동 456 | 경북 경산시 대동 160-6
02-573-4055 | 053-818-4055
http://www.daehaesa.org
E. mail : daehaesnim@gmail.com

육 조 단 경

ⓒ 유영의

초판 1쇄 발행 2010년 10월 3일

2판 1쇄 발행 2015년 7월 7일

번   역 | 대 해

펴 낸 곳 | Gran Sabiduria

서울 강남구 논현로26길 40   우)135-855

Tel 02-573-4055 | Fax 02-578-4055

전자우편 | sabiduria7@naver. com

ISBN 979-11-85936-01-7 03220

20, 000원

이 도서의 국립중앙도서관 출판시도서목록(CIP)은 서지정보유통지원시스템 홈페이
지(http://seoji.nl.go.kr)와 국가자료공동목록시스템(http://www.nl.go.kr/kolisnet)에
서 이용하실 수 있습니다. (CIP제어번호: CIP2015017828)